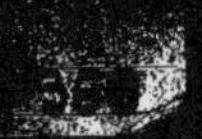

L'ART D'ECRIRE

PAR

ALAIS.

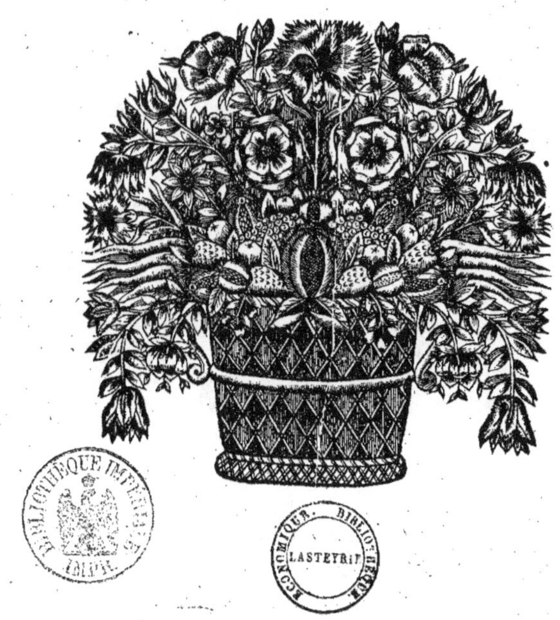

A PARIS,

Chez l'Auteur, au coin de la ruë du Harlay.

M. DC. LXXX.

AVEC PRIVILEGE DV ROY.

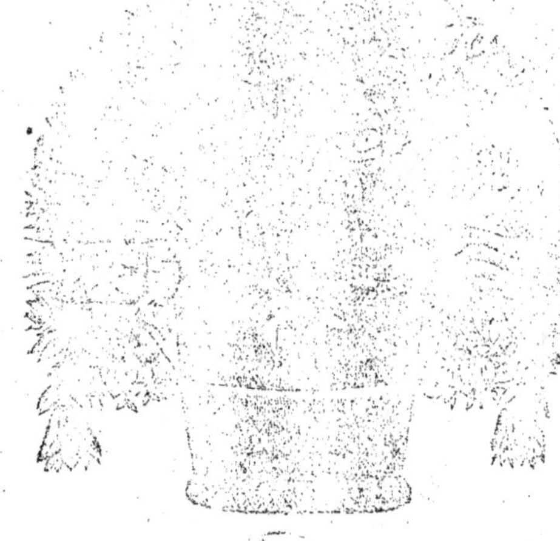
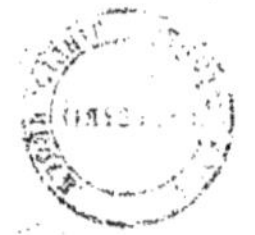

A PARIS,
Chez l'Auteur, au coin de la rue d'Harlay.
M.DC.LXXX
AVEC PRIVILEGE DU ROI.

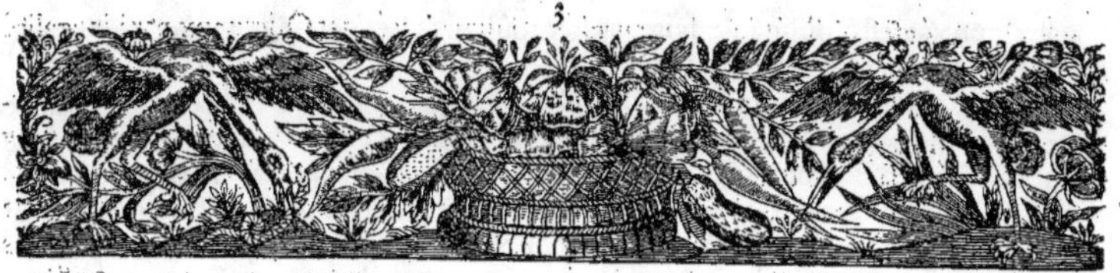

AU LECTEUR.

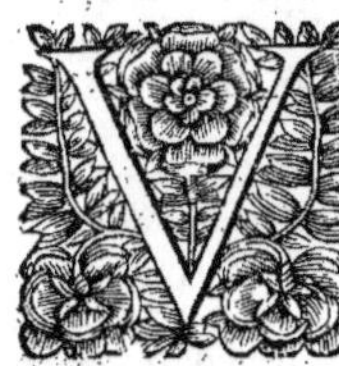

OUS verrez dans ce Traité une Methode qui n'accommodera pas toute sorte de goûts ; les plus éclairez trouveront à gloser sur ses Principes, & feront quelque difficulté de les admettre, quoy que la raison s'y accorde avec l'experience, & la verité avec les effets. Mais tel les condamnera au commencement, qui les ayant lûs sans passion, pourra changer de sentiment, & ne les desaprouvera pas tout-à-fait. Leurs fondemens sont établis sur la DISPOSITION, LA FORME, LA LIAISON, ET L'ORDRE, qu'on doit sçavoir, pour écrire ou peindre les caractères de l'Idiome François, que nous appellons vulgairement *La Lettre Ronde, & Bastarde.* Je ne croy pas qu'on y puisse rien ajouter qui ne soit compris dans ce que j'en ay dit : si pourtant quelqu'un y trouve du plus ou du moins à reformer, il me fera plaisir, & ne vous doit pas desobliger vous éclaircissant ma pensée mieux que je n'ay pû faire.

J'ay crû de plus faire mieux ma Cour auprés des Aspirans à sçavoir bien cet Art de leur en expliquer les moyens, que de grossir ce Livre de ses éloges, n'estant pas besoin pour l'apprendre, non plus que pour l'enseigner, de repeter icy ce que tant d'Auteurs en ont dit. Qui ne sçait qu'il est l'*Ame du Commerce, le Tableau du passé, la Regle de l'avenir, & le Messager des pensées*; enfin, que c'est la *Clef des Arts & des Sciences*; joignez y mesme ce qu'en a dit Monsieur de Brebeuf dans sa traduction sur Lucain.

> *C'est de luy que nous vient cet Art ingenieux*
> *De peindre la parole & de parler aux yeux,*
> *Et par les traits divers de figures tracées*
> *Donner de la couleur & de l'âme aux pensées.*

N'en voilà-il pas assez, & trop mesme, puis que je m'estois proposé de n'en rien dire du tout.

AVIS SERVANT DE CLEF
& de Commentaire à mon Traité d'Ecriture.

J'Ay mêlé l'Ecriture Bastarde avec la Françoise dans l'explication de mes Tables, pour divertir un peu la veüe du Lecteur par cette diversité qui n'est pas desagreable, principalement en cet Art ; joint que mon Traité parle des deux également, à cause de la connexité de leurs principes & de leur usage.

Si l'on y voit des Lettres peu conformes à la severité des Regles que j'en prescris, j'ay suivy en cela ceux qui sont bien-aises de donner carriere à leur Plume, en glissant quelquefois des bagatelles parmy des sujets les plus serieux : Outre qu'il est difficile de s'attacher en composant au scrupule d'une Lettre, que la hâte fait plus souvent éclore que le jugement : Et quand mesme je l'aurois voulu, le changement de Gra-

A ij

veurs que j'ay esté obligé de faire, auroit toûjours alteré mes Originaux par l'inegalité de leur adresse à les bien suivre.

Mon second Livre aura des models plus corrects, & pour le caractere, & pour l'ordre qu'on y doit garder, j'ay seulement observé dans celuy-cy, que les Lettres qui y sont expliquées fussent dans leurs *proportion*, & *mesure*. Je l'ay partagé en quatre principales Tables, & j'ay défini le sujet que j'ay traité en chacune, afin d'en faire concevoir une idée plus forte & plus certaine, & faire voir que je n'en parle pas sans une connoissance particuliere. L'on y lira des leçons que la nature m'a apprises par l'étude, & que l'experience m'a fait reconnoistre presque infaillibles pour faire réüssir les autres autant que j'ay pû faire, pour peu de disposition naturelle qu'on ait; car pour *la disposition acquise*, quoy qu'elle soit le principal objet de ce Traité, j'avoüe qu'elle est bien difficile à UNE MAIN DEJA FAITE, & fort incertaine dans un JEUNE HOMME, qui ne s'attache qu'autant qu'on l'y contraint.

Ce n'est pas que L'UNE & L'AUTRE ne le puissent à la fin, mais c'est avec un temps qui refroidit bien souvent les plus zelez, & rebute les plus raisonnables; & quoy que mon Livre n'ait pas cette distinction dans son Titre, il ne laisse pas de l'avoir dans la verité de l'effet qu'on en peut attendre, puis qu'il est impossible d'esperer ces sortes de petits miracles, étudiant seul, & rarement aidé du Maistre, sans un peu de disposition ou dans la main, ou dans l'inclination; & si je puis me vanter d'y avoir réüssi, ou m'enseignant moy-mesme, ou quelquefois autruy, ç'a esté avec des peines & des applications si fatiguantes, que je doute fort qu'un autre puisse avoir avec la patience le bonheur d'un succés pareil.

Il faut donc demeurer d'accord que ceux qui voudront profiter de mes Tables, doivent avoir de *la Naissance ou de l'Inclination* pour la chose; avec cela *un Esprit capable d'application, & une Patience à l'épreuve de tous les dégoûts*, qui naissent dans les commencemens, sans quoy on ne peut rien esperer de sa lecture.

Mais avant que d'entrer en matiere, je suis bien-aise de détromper ceux qui soûtiennent qu'il ne faut point d'esprit pour exceller en cet Art. Je sçay qu'on peut bien écrire sans estre Orateur ny Philosophe, mais je n'accorderay jamais que pour le sçavoir au degré de mes Regles, il ne soit pas besoin de CONCEPTION pour comprendre la difference des figures, le changement des situations, & le nombre des mouvemens qui les forment; de L'IMAGINATION pour se les representer dans leur beau; & du JUGEMENT pour s'en servir ou les placer à propos; & de plus, chez ceux qui le professent, qu'il ne faille de L'INVENTION pour innover ou encherir sur l'antique, & inventer quelque chose de nouveau. Mais si toutes ces qualitez sont requises pour le bien sçavoir, qui dira qu'elles ne sont pas les annexes de l'esprit, & qu'il faut estre mediocrement raisonnable pour le bien pratiquer?

Il est bien vray que pour écrire au goût de ceux qui ne s'y connoissent pas, & qui ne jugent de sa beauté que par les yeux, on peut à petits frais plaire, & passer pour habile. Il en est de cela comme d'un Tableau; le coloris des Peintures, ny le brillant de la bordure, n'en composent ny le sujet, ny la bonté, mais peuvent en farder les defauts aux yeux de quelques-uns. De mesme le *lustre de l'Encre, l'allignement des lignes, la netteté des Lettres, la hardiesse sans Regle, & quantité d'autres ornemens trompeurs*, ne sont point le caractere meilleur ny plus regulier, mais peuvent éblouïr & fasciner la veuë de ceux à qui les apparences plaisent autant que les effets, & tiennent lieu de veritez.

Ceux qui sçavent l'Art à fond, n'ignorent pas qu'il s'y trouve beaucoup de difficulté à garder des mesures, & à éviter ou observer les endroits qui sont necessaires pour bien former & achever une figure, sans quoy elle est plus ou moins belle.

L'appuy trop fort sur le bras qui écrit, en ôte toute la liberté.

Le touché du bec de la Plume plus ou moins sensible du côté des doigts, ou de celuy du poulce, altere ou égratigne la lettre.

La pente de la main plus ou moins droite, rend les effets de la lettre tous differens.

Le prompt ou le lent mouvement des doigts, ou du bras, anime ou fait languir une figure.

La Plume mal coupée, trop dure ou trop molle, ou n'estant pas bien à la main, empesche l'esprit & la puissance de l'action ; *trop tournée* du côté des doigts, elle fait le jambage trop quarré, & trop pointu estant *trop sur le poulce* ; *trop longue tenuë* elle affoiblit, & *trop courte* elle appesantit l'écriture peinée.

Le Canif mal coupant, gauche, à la main, ou trop large de lame.

L'Encre trop fluide, ou trop épaisse.

Le Siege trop haut ou trop bas.

Le faux jour, ou trop grand, & mille autres petits empeschemens font barriere à l'adresse du plus artiste ; & pour y remedier il faut assurément du genie, & de l'experience plus que l'ordinaire, sans parler des autres Regles qu'on doit sçavoir & pratiquer pour la perfection de cet Art. Mais comme il en reste encore beaucoup à dire, je me contenteray d'avoir eu premier, le dessein de l'ébaucher de l'ordre & de la methode qu'on le void : quelque autre prendra la peine d'y reformer ou d'augmenter ce qu'il jugera à propos ; sçachant bien qu'un Auteur ne peut seul écrire à fonds d'une matiere, pour petite qu'elle soit, principalement quand il a aussi peu de temps que j'en ay eu en le faisant ; les traverses & les chicanes de quelques Jaloux jointes à un employ nombreux, m'ont empesché de luy donner la perfection qu'on y devoit attendre.

S'il arrive que quelqu'un prenne le soin de commenter sur ce que j'en ay dit, il ne le pourra que sur quelqu'un des quatre principaux points, que mes Tables de la Dispo-sition: de la Forme, de la Liaison, et de l'Ordre contiennent: Mais afin de diminuer sa peine, je suppléeray par cet Avis à ce qui pourroit man-quer pour l'intelligence de chacune.

Sur la premiere, qui parle de la *Disposition acquise*, que peu de gens croyent possible, & qui est le commun écueil de ceux qui apprennent & de ceux qui montrent. Sa diffi-culté consiste dans la seule & ponctuelle observation des Regles de la définition que j'en donne ; *Sçavoir est, d'avoir le corps, les bras, les mains & les doigts posez & ordon-nez dans une situation & mesure propre & convenable à bien former toutes sortes d'effets de plume, sans peine & en tout temps ; & cela est si vray, que ceux qui ont vieilly dans une méchante habitude de corps ou de main, il ne leur faut que lire & pratiquer pied à pied ce qu'enseignent les deux Tables de la Disposition avec leurs observations*, pour y remedier, puis qu'un cloud chasse un autre cloud, & qu'une habitude prise sans y penser, peut se corriger par une autre qu'on apprend sur des principes certains & d'ex-perience, principalement quand la necessité, ou bien une forte inclination, la con-traignent de changer de lieu & de sujet par une étude & un exercice opiniâtre qui sou-mettent à leur loy jusqu'à l'impossible, supposé toutefois que l'inclination de l'agent soit bien dirigée & patiente.

Quelqu'un me dira, que l'on voit tous les jours des mains irregulieres, & des postures extravagantes réüssir à bien écrire sans tant de précaution ny de mistere, je l'avouë, mais c'est de la mesme sorte que j'ay déja fait remarquer, que le vulgaire jugeoit des apparences, & non pas avec ces conditions que demande la perfection de cet Art ; & la promesse que je tiens d'avancer pour le changement des habitudes seroit un peu dou-teuse, si les exemples journaliers & de mon experience ne la rendoient presque infail-libles ; mais je puis certifier qu'exerçant avec autant de patience que d'application, (comme j'ay recommandé cy-devant) les Preceptes que j'en donne, on triomphera indubitablement d'une habitude la plus rebelle, pourvû qu'on ne fasse pour un temps que des traits & des figures indifferentes, marquez *en la Table des traits servante à for-*

A iij

mer la main, en repassant par dessus avec une plume sans encre, sans s'attacher qu'au mouvement seul des doigts, les pliant & allongeant circulairement ou rectement, selon l'exigeance de la figure, & conservant toûjours la posture requise pour le corps, les bras & les mains ; & aprés qu'ils seront apparemment domptez, il faudra exercer & appliquer les trois situations de la plume aux Lettres qui leur conviennent, comme je diray cy-aprés. D'autres mains plus disposées pourront exercer le tout en mesme temps, mais peu le pourront à cause de la difficulté qu'il y a.

Le temps ne se fixe point pour ces sortes de cures, ou changemens d'habitude, est int le même qu'aux guerisons des maladies, pour la diversité des remedes & des tempéramens.

L'observation de la Table de la Disposition en exclud ceux dont le genie est incurable, ou de qui les mains sont invalides, ne leur donnant autre conseil que d'ecrire comme ils pourront naturellement, l'impossibilité & la necessité n'ayant point de Regle ny de Loy.

LA MANIERE DE DISPOSER LE CORPS, LES BRAS, LES MAINS & les Doigts, pour faire bien écrire un chacun, & pour reformer les méchantes habitudes qu'on peut avoir, qui est, selon moy, le chemin à
LA DISPOSITION ACQVISE.

IE m'attacheray beaucoup à rendre cette premiere Table de la Disposition intelligible par commentaire, à ce que j'en ay dit, parce qu'elle est la plus necessaire de toutes, & qu'elle est comme la clef pour arriver aisément à leur pratique. Qu'on ne s'étonne donc pas si je suis un peu long à débroüiller ses difficultez : la lecture n'en peut estre ennuyeuse qu'à ceux qui n'en ont pas besoin. J'ay dit dans une de mes observations sur la Disposition ce qu'il falloit faire pour la diversité des mains qui se rencontrent à changer l'exactitude que je garde dans tout le détail que je vay faire, est le seul & l'unique moyen pour faire réüssir les plus mal disposez. L'experience sera ma caution, pourvû qu'on soit aussi ponctuel que patient, car *le temps & la volonté* jusques icy n'ont point trouvé d'obstacle à l'épreuve de leur force.

LA POSTVRE, OV POSITION DV CORPS.

Le corps penché d'un pied au dessus du papier doit estre un peu approché vers la Table du costé gauche, assis de hauteur, que les coudes sans se baisser viennent juste au dessus, ne touchant contre ni des boutons, ny du ventre, ayant la jambe gauche plus étenduë sous la table que DES BRAS.

Le gauche sera presque le droit éloigné du corps (placé comme je viens de dire) l'appuyant ferme sur la table depuis le coude jusques à la main.

Le droit demeurera (où le laissent le corps & le bras gauche ainsi posez) qui sera naturellement écarté du corps de la largeur de quatre doigts, & son coude toûjours hors la table, si le papier, à cause de sa grandeur, n'obligeoit à l'y avoir, & pour lors l'on doit mettre sous le bras un petit rouleau de papier, qui l'élevant empesche le touché du coude, qui d'ordinaire ôte la liberté d'écrire. DES MAINS.

La gauche tiendra le papier du bout des doigts ou du canif, vis à vis celle qui écrit, de la mesme sorte que j'en ay designé la posture dans la Table de la DISPOSITION.

La droite doit estre molle, & demy-ronde en écrivant, plus penchée sur les doigts que sur le poulce, & plus soûtenuë sur le bec de la plume que sur toutes les autres parties touchantes le papier ou la table, sans pourtant la contraindre dans cette posture, si ce n'estoit que la premiere habitude fust défectueuse, commençant toûjours vis à vis les boutons, & finissant vis à vis l'épaule droite.

A

7

DES DOIGTS.

Les doigts seront dans leur ordre naturel, arrondis de degré en degré, tenant mediocrement ferme la plume de trois doigts, sçavoir du poulce & des deux suivans, les deux autres touchans de côté, & glissans sur le papier, separez des autres de la moitié de l'épaisseur d'un doigt.

DE LA PLVME.

La plume passera le long du doigt Indice, sortant d'iceluy par embas d'un travers de doigt, aboutissant entre la seconde & la troisiéme jointure d'enhaut, sera soûtenuë & tenuë des extremitez du doigt majeur & du poulce : le poulce vis à vis la moitié de l'ongle du doigt Indice, & le majeur plus bas que la moitié du grand tail pour toute sorte d'écriture posée ; pour l'expediée, la tenuë sera plus haute.

Aprés toute cette préparation (il faut avant de faire agir les doigts pour écrire) sçavoir *tailler la plume*, & connoistre de combien de manieres ou *situations* on peut & l'on doit se servir de son bec. *Pour la taille* de la plume, ajoûtez à ce que j'en ay dit la diminution du dessus de son bec, quand il est trop épais, & laissez le côté du grand tail plus haut vers les doigts, afin d'estre mieux tenuë. *Pour les situations*, elles seront trois generales, *à face*, *oblique*, & *de travers*. La situation *inverse*, non plus que toutes celles que pourroit produire le virement de son bec pour faire un point rond, n'estant d'aucun usage, utilité ny necessité, puis que *l'oblique* peut seule fournir aux trois autres, & faire les mesmes effets dans une main artiste. J'ay fait assez connoistre l'usage & l'application qu'on en doit faire dans leur Table pour n'en laisser aucun doute.

Reste à sçavoir, ce que fait agir toute cette machine ordonnée de corps, de bras, de mains, des doigts & de plume tenuë, taillée & posée selon mes Regles. Je n'admets pour cela que deux Principes de mouvemens ; sçavoir celuy des *doigts*, & celuy *du bras* employez selon la grandeur de la figure, tous les autres estant inutiles ou imaginaires chez ceux qui connoissent l'Art dans son vray, & j'en prens à témoin l'épreuve des autres, qui aveuglément croyent le contraire, par une lâche complaisance qu'ils ont pour quelques Auteurs qui les ont multipliez, pour multiplier la peine des credules, & diminuer par là le nombre des habiles.

Ces deux mouvemens se pratiquent pour deux grandeurs de figures, que nous nommerons Majeures & Mineures.

Les Mineures se feront de celuy des doigts pour tout caractere.

Les Majeures, Capitales, Traits, entre-las, passez, abregez, queuës poussées, se feront des doigts & du bras concurremment, plus ou moins employez, selon l'étenduë de la Lettre.

Voila, ce me semble, assez de moyens & de Regles pour connoistre & acquerir la Disposition que je vous ay promise. Venons presentement au particulier de la Forme ; s'il ce peut que j'aye oublié quelque chose pour son intelligence.

DE LA FORME.

La Forme, ou Figure de chaque Lettre du caractere François & Bastard, ne peut rien avoir de difficile, praticquant bien ce que je viens de dire pour la *Disposition*, & j'ay suffisamment expliqué dans les Tables qui en parlent ce qui pourroit arrester l'execution du reste ; C'est pourquoy je renvoyeray à leur lecture, qui n'estant pas faite à la legere, vous ouvrira le passage à tout ce que vous y trouveriez de difficile. J'avertis seulement d'exercer les rondeurs & les jambages des deux caracteres, du mouvement & de la situation qu'ils doivent estre faits : L'on prendra garde aussi de ne faire jamais produire à la plume plus gros que son naturel, je veux dire, de son épaisseur.

Il y auroit trop de choses à dire, si l'on vouloit éplucher & specifier tous les changemens, *de grosseurs, de mouvemens, de formes, de situations, de pente, de longueurs,*

largeurs , *hauteurs & proportions de Lettres* qu'il faut obferver de temps en temps pour
l'achevement de la beauté. Je l'ay affez dit en general , fans en faire un détail particulier, qui brouïlleroit plus qu'il n'inftruiroit, le Lecteur.

L'Ufage achevera fur mes modeles toutes ces petites connoiffances, qui dépendent
neceffairement des fondemens que je vous ay donné, pourvû toutefois que vous vous
étudiez à bien entendre le fens des Regles de la Difpofition , qui eft la clef de toutes ces
difficultez ; mais il y faut penetrer de theorie & de pratique , & non pas en effleurer
la fuperficie, comme font la plus-part de ceux, qui en lifant les meilleurs Livres, ne
comprennent ny le fens des paroles , ny l'efprit de l'Auteur.

Je dirois quelque chofe des Majeures & Capitales, mais leurs Tables font fuffifantes
pour comprendre leurs formes, mefures, fituations , & mouvemens : C'eft pourquoy
paffons à la liaifon ou affemblage des Mineures.

DE LA LIAISON.

Il eft inutile de vouloir éclaircir ce que j'ay déja dit de la *Liaifon* ; fa Table eft plus
intelligible dans fon peu de lignes, que ne feroient les Commentaires que j'en pour-
rois faire. L'imitation de leur grandeur, rondeur ou groffeur achevera ce que les paroles ne fçauroient bien expliquer ; car il y a difference de fituation & de formes en
quelques-unes dont la veuë feule peut faire le difcernement. Pour ce qui eft de la Liaifon de *Majeure à Majeure* , *& de Majeure à Mineure* , l'exemple vous en dira plus que
mes paroles ; fuffit de fçavoir en gros qu'elles font femblables à celles des Mineures,
excepté, que lorfque la Majeure eft arreftée, elle ne fe lie jamais.

DE L'ORDRE.

L'Ordre, qui eft une habitude raifonnée, & appliquée aux Regles que j'ay marquées
en fa Table , ne fe trouve pour l'ordinaire que chez des gens meurs & experi-
mentez à ce qu'ils font. Elle eft tres-difficile à pratiquer à des Efprits trop jeunes ;
Cependant un long exercice l'a donné à quelques-uns, & à d'autres le naturel : car j'ay
vû des jeunes gens mieux obferver les Regles que j'y demande, que d'autres bien
avancez en âge.

Je confeille , quand l'habitude d'aller droit *(qui eft une des parties de l'Ordre la plus
difficile)* eft trop longue à venir , de fe fervir de poncifs & de fauffes Regles pour un
temps.

DE LA HARDIESSE DE L'ECRITVRE.

Je n'ay rien dit de la Hardieffe de l'Ecriture dans mon Traité, ne croyant pas qu'il
y euft d'autres moyens pour l'acquerir, que le temps & l'exercice. Je m'imagine qu'elle
ne peut rouler que fur ces quatre Principes, *le Temps , la Difpofition du lieu & de la
perfonne , l'inftrument & la matiere qui fervent à écrire.*

Pour le Temps, il eft certain que fans une longue experience & accoutumance
d'Ecrire , vous ne devez pas y pretendre.

Pour le Lieu, fi vous eftes mal à voftre aife pour le fiege, ou pour l'affiete du papier,
quelque habitué que vous foyez, vous ne ferez rien que de foible ou de contraint.

La mefme chofe arrivera fi vous n'eftes pas en bonne difpofition de fanté ou
d'humeur.

A l'égard de l'inftrument, fi la plume eft trop molle, fenduë ou émouffée, ou l'encre
trop épaiffe, vous ne devez pas efperer d'écrire hardiment: Non plus quand le papier
eft trop mol ou trop rude ; le premier faifant arrefter l'action d'un trait vivement
pouffé par fa trop grande molleffe ; & l'autre par fa dureté le coulant de chaque Lettre.

OBSERVATIONS
En forme de Maximes sur les quatre Tables du present Traité, & sur l'Ecriture en general.

L'Ecriture a la vertu de se faire entendre & obeit à toutes les puissancas de l'ame, quoy qu'elle soit muette & sans mouvement.

Elle prend son origine de l'imagination, s'execute de la main, & se perfectionne par l'exercice.

Elle est d'ordinaire negligée des Riches, recherchée des Commis, cultivée des Negocians, usitée des Praticiens, & cherie de ceux qui la professent.

Il y a deux manieres d'écrire en France, celle de Maistre, & celle des Affaires. Celle de Maistre, quoy que la plus sçavante, est fort libre, envisageant plûtost la bonne grace d'une lettre que sa vraye place & sa figure propre. Celle des Affaires, pour peu de consequence qu'elles soient, doit estre sans embaras de traits, queües, ou abregez, pour éviter l'équivoque de la lecture.

L'Ecriture Françoise & Bastarde, veulent pour estre parfaites, une forme reguliere en liaison, pente, hauteur, largeur, grosseur & suite.

Qui sçait le caractere François, peut aisément faire les autres, parce qu'estant le plus difficile de tous, il contient les plus aisez.

La belle Ecriture demande un esprit guay pour son execution.

L'Ecriture Reguliere, est plus belle hardie que lente.

La Françoise peinée, est plus agreable un peu longue que trop quarrée. L'Expediée tout au contraire.

La Bastarde posée, est plus belle peu penchée que trop, pour la courante, sa pente dépend plus du hazard que des regles ; car souvent elle l'est plus ou moins.

La Françoise doit plûtost pencher à gauche qu'à droit, particulierement aux traits passans dessus & dessous le corps de la lettre.

L'Ecriture la plus liée est la plus expeditive, & non pas la plus lisible.

L'Imagination fait plus que la Main & que l'exercice, pour inventer quelque chose.

Vne main artiste, execute sur le champ ce que l'imagination luy represente.

On apprend moins cet Art par la lecture de ses preceptes, que par la vive voix, quand on les lit sans reflexion, ou sans quelque teinture procedente de leur connoissance.

On ne peut déterminer le temps pour s'y rendre habile, qu'à proportion du plus ou du moins de disposition, & de la pratique qu'on en fait.

Tous les Exercices violens & les débauches, abrutissent la subtilité de l'imagination, engourdissent le mouvement des doigts, & débilitent leur action.

Le poulce doit agir le premier & le plus en écrivant ; Mais il manque aussi le premier lors que l'on vient sur l'âge.

Plusieurs écrivent mal faute de preceptes ; mais quoy qu'on les sçache, ils sont inutiles sans exercice & sans application.

Enfin, tenez pour maxime, qu'en ce qui dépend de la main, le meilleur enseignement est une grande pratique secondée d'une extrême patience, & soûtenuë d'une forte inclination.

B

La Difpofition à bien écrire eft naturelle ou acquife. La Naturelle fe perfectionne par les preceptes. L'acquife fans beaucoup d'inclination, de patience & d'exercice, n'eft jamais fi accomplie que la naturelle, cultivée.

Le moyen le plus feur pour acquerir cette difpofition, eft de pratiquer pied à pied, jufques aux moindres circonftances de ce qui eft marqué dans les Tables qui en traitent.

La Difpofition doit toûjours preceder l'étude de la forme, de la liaifon & de l'ordre.

Sans l'une ou l'autre de ces deux difpofitions, il eft impoffible de jamais bien écrire.

Toutes fortes de mains, peuvent afpirer à la difpofition acquife par le moyen des Regles; quand l'âge ou quelque accident n'a point alteré la puiffance des doigts, ou de la veuë.

L'art ne produit jamais de fi bons effets, que lors qu'il travaille fur une heureufe difpofition.

La Difpofition acquife, fecondée de preceptes & de leur application, peut furpaffer la naturelle qui fe neglige. Mais quand ces deux difpofitions travaillent également, l'une à acquerir ce qu'elle n'a pas, & l'autre à perfectionner ce qu'elle a, la Difpofition acquife fe trouve toûjours la plus foible.

SVR LA FORME.

Il faut que chaque mineure, ou majeure ait fa fituation, fa forme & fon mouvement propre pour eftre parfaites.

On peut avoir de la difpofition à bien écrire, fans fçavoir former une lettre dans les Regles.

Un long exercice peut donner l'ordre & la fuite à l'Ecriture; mais jamais une forme reguliere, ny une liaifon propre fans preceptes.

La forme ou figure de chaque lettre eft droite ou courbe, pleine ou deliée, ou compofée des quatre enfemble; Elle fe fait par le mouvement des doigts ou du bras, conjointement ou feparément.

L'O, & l'I, font les principes des autres lettres dans les caracteres François & Baftard

Les queües & les teftes des lettres Françoifes font formées de l'O; & non de l'I, & de l'O. Celles de la Baftarde de l'O, & de l'I.

Les revers de toutes les lettres capitales, traits ou cadeaux, font deliez.

La plus difficile de toutes les lettres Françoifes eft l'I, parce qu'il eft impoffible de le tirer droit, pas mefme avec la Regle.

Les jambages de la Françoife, doivent plûtoft paroiftre un peu pointus que trop quarrez. Ceux de la Baftarde doivent eftre ronds par le haut, & quarrez par le bas.

En Baftarde, il vaut mieux penter également, que de former bien les lettres fans ordre.

Une lettre qui doit eftre faite fans reprife, eft vicieufe quand on la fait à deux fois.

Le papier mal collé, ou trop liffé, empefche autant la netteté des lettres, que l'encre épaiffe & la plume boureufe.

SVR LA LIAISON.

La liaifon des lettres contribuë à l'expedition & à la hardieffe, donne du fon aux mots, & fait à l'Ecriture ce que les jointures font aux membres.

Une Ecriture fans liaifon ny diftinction de mots, équivoque & corrompt le fens des periodes.

Lier les lettres & les mots fans diftinction ny reprife, eft une chofe aufli contraire à une belle Ecriture, que de ne les point lier du tout.

Il vaut mieux que les liaifons foient groffes, que de ne point paroiftre.

Une Ecriture fans liaifon n'eft jamais hardie ny expeditive.

Toutes les liaifons font ordinairement deliées, & commencent de gauche à droit.

On lie rarement les majeures & les capitales, fi ce n'eft dans les Signatures.

Il eft plus commode de lier les lettres du coin de la plume vers le poulce, que des deux enfemble.

Les liaifons, ou pour mieux dire, les deliez des, M, font fort difficiles à faire dans l'Ecriture Françoife. Ils font plus agreables faits d'une ligne convexe I)I que d'une ligne diagonale; en Baftarde, d'une ligne concave, I (I

SVR L'ORDRE.

L'Ordre fert d'ame & de beauté à l'Ecriture; & comme c'eft un effet du jugement, il eft moins ordinaire aux jeunes gens qu'aux autres.

La Difpofition, la Forme, & la Liaifon, contribuent à la perfection de l'Ordre; mais le Jugement doit les conduire.

Dans l'arrangement des lettres & des mots, l'œil travaille plus que les doigts; & le naturel plus que les preceptes dans les pieces de cimetrie.

La rectitude des lignes, dépend de celle du corps & de la tefte vis-à-vis le papier, roulant toûjours le bras également de gauche à droit, fans varier la tefte, ny trop appuyer le bras du cofté qu'on écrit.

Le moins de queuës qu'on puiffe faire dans un caractere regulier, eft le meilleur.

Quelque routiné qu'on foit, il eft bon de fe fervir de poncif, regle ou tranfparant dans des pieces un peu confiderables.

La netteté du papier & celle des liaifons, ne contribuent pas moins à la beauté de l'Ordre, que la diftance égale des lettres, des mots, & des lignes.

Dans une piece de confequence, il faut toûjours conferver des marges aux extremitez des lignes, pour obvier à l'effacement des mots & des lettres par un frequent touché.

Il faut éviter que les queuës, où les teftes des lettres fe croifent, ou paffent l'une fur l'autre, & que deux traits de mefme groffeur fe coupent, particulierement aux pleins.

Obfervez que les queuës & les teftes des lettres foient d'une longueur égale, autant que faire fe poura.

Les abregez & les majeures, ne pafferont pas la moitié de l'entre-ligne dans un corps regulier.

SVR LA POSTVRE DV CORPS
& du bras.

Le bras droit trop écarté du corps, fait monter les lignes, & fait faire le caractere pointu.

L'appuy du coude droit fur la table, fait relever la plume à tous momens, auffi-bien que l'appuy trop grand fur le bras droit empefche d'aller vifte.

La teste penchée à droit, fait baisser les lignes, & penchée à gauche les fait monter.

Regarder de trop prés, apesantit le corps, oste la liberté aux doigts, & fait languir l'Ecriture.

Ecrire debout, fait l'Ecriture hardie, mais souvent tortuë, & lasse le bras aisément.

Ecrire sur une table trop haute pour le siege, empesche le bras de couler, & rend l'Ecriture pesante.

Ecrire sur une table trop basse, fait regarder de trop prés, lasse le corps, & contraint d'appuyer sur la plume.

Ecrire le corps estant trop élevé au dessus du papier, empesche de faire une Ecriture reguliere, en forme, pente, ou liaison.

Tenuë de la Plume.

TENIR la Plume longue sortant des doigts, fait écrire legerement & viste, mais peu regulierement.

Tenir la Plume basse, fait écrire juste, mais lentement.

Tenir la Plume sur le coin du poulce, fait le caractere pointu.

La tenir trop à face, où trop sur le plein, fait les jambages trop quarrez.

SVR LA TAILLE DE LA PLVME.

LA plus commode de toutes les Tailles est celle qui a le bec égal des deux costez; car elle sert à l'Ecriture posée & à la courante.

Pour l'Ecriture Françoise & Bastarde peinées, il faut que le costé des doigts soit plus court que celuy du poulce, qui doit estre plus large & plus long.

Pour l'expediée on fendra plus la Plume que pour la posée, & on luy tiendra le bec plus long en forme de fausset.

EXTRAIT DV PRIVILEGE.

PAR Privilege du Roy, donné à Chaville le 21. Novembre 1680. signé, CLAUSEL, il est permis à JEAN-BAPTISTE ALAIS DE BEAULIEU, Expert & Maistre Ecrivain Juré de la Ville de Paris, de faire graver, imprimer, vendre & debiter les Pieces qu'il a, tant de son invention, que de celles de Jean Alais son pere, & de Jacques Alais son oncle; ensemble un Traité qu'il a fait, intitulé, *L'Art d'écrire*, ou, *le vray moyen d'exceller en cet Art sans Maistre*, avec des Pieces & Alphabets d'Ecriture; & ce pendant le temps & espace de six années: Et défenses sont faites à tous autres Ecrivains, ou autres, tels qu'ils soient, de contrefaire lesdites Pieces en quelque sorte & maniere que ce soit, à peine de quinze cent livres d'amende, & de tous dépens, dommages & interests, comme il est porté plus au long par ledit Privilege.

Les Exemplaires ont esté fournis.

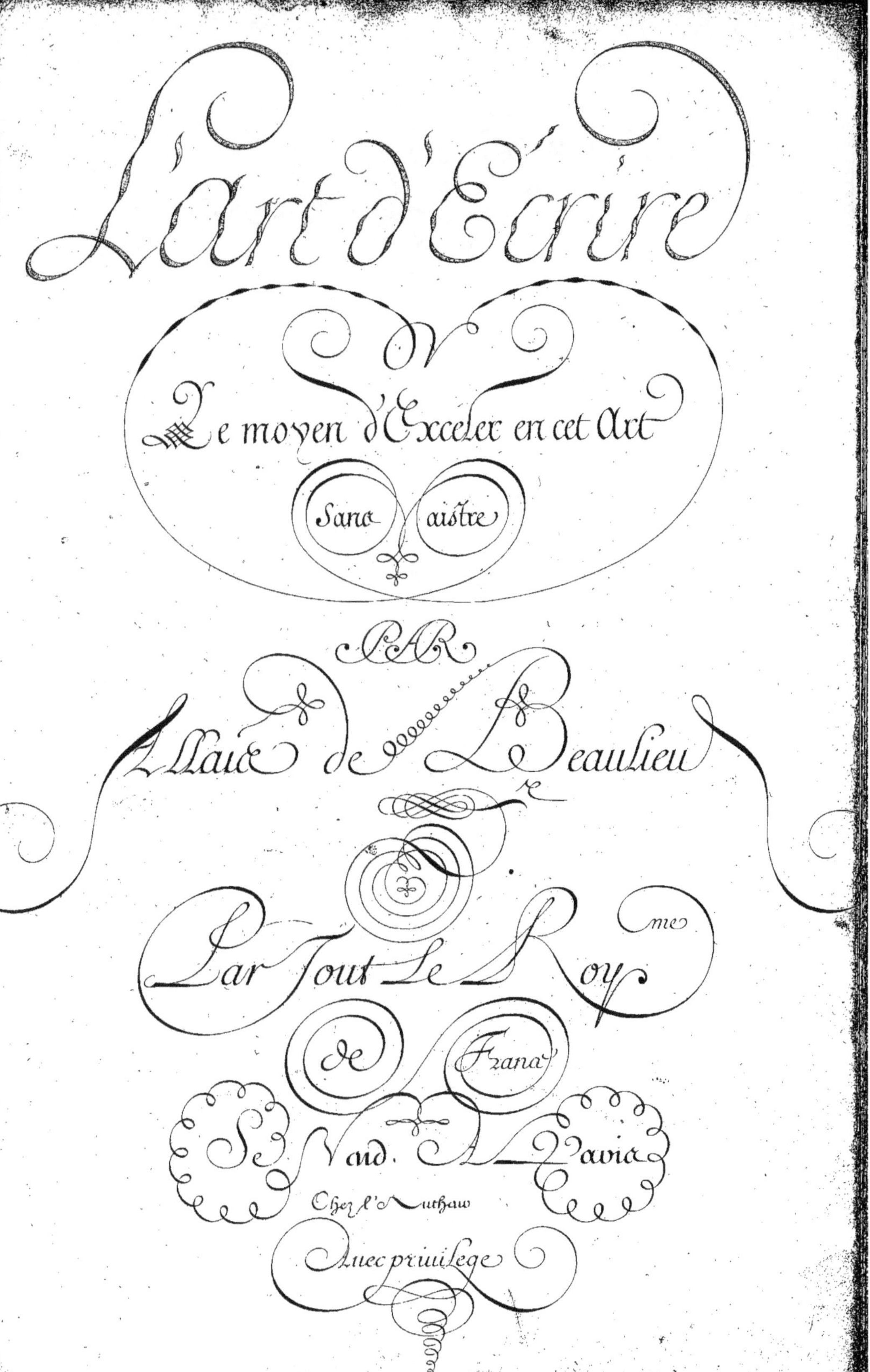

L'Art d'Ecrire
OV
Le moyen d'Exceler en cet Art
Sans Maistre
PAR
Ellaire de Beaulieu
Par Tout Le Royme
de France
Sevd. Savia
Chez l'Autheur
Auec priuilege

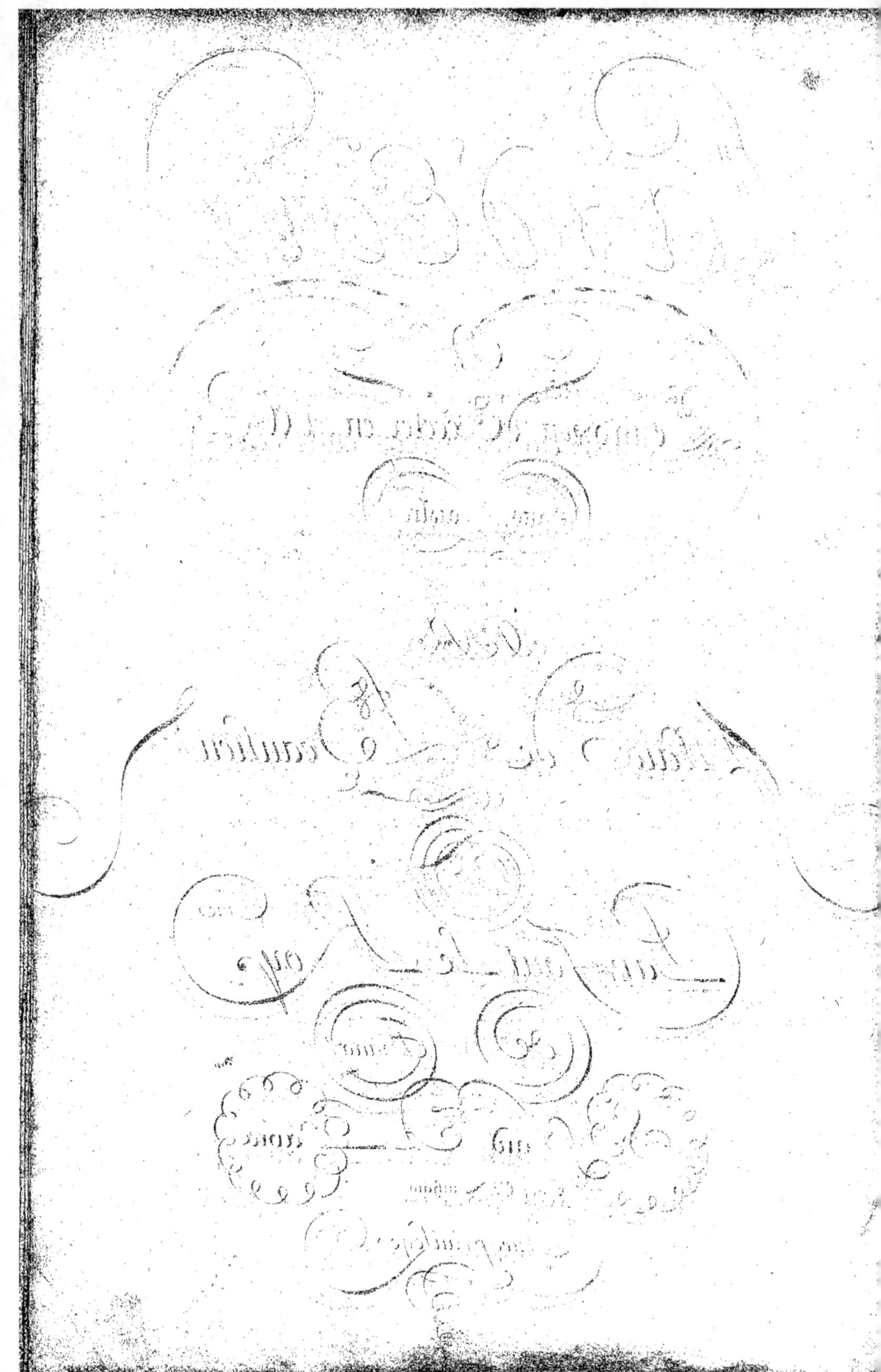

Sommaire
des
Quatre Tables
Sçauoir,

Disposition, forme, liaison, et ordre q.

Sont necessaires pour bien Escrire

La Disposition, Consiste en ce point

Quoi le Corps & La Main en situation
libre pour former toutes sortes d'traits de plume

La forme et liaison des lettres dependent

De lignes, courbes, droictes, déliées, et
pleines, liées ensemble diuersement

L'ORDRE, veut la Rectitude, & Distance des mots
des lignes et lettres, & vn caractere propre au sujet

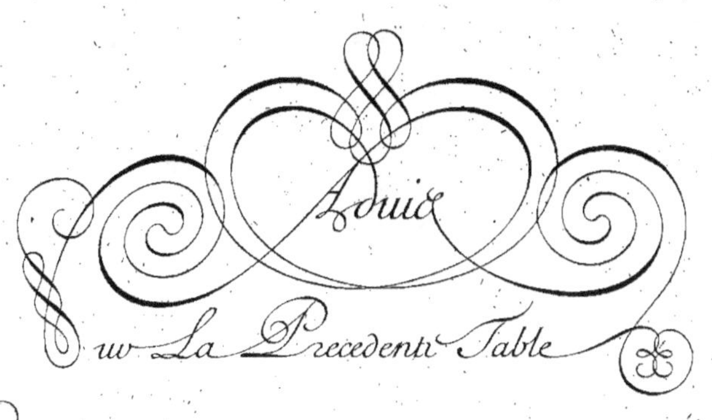

La Table qui precede contient en son peu de lignes tout ce qui fait un bon peintre de l'Ecriture françoise & Bataude; et l'on ne se peut dire habile Ecriuain sans une Intelligence pratique de ces quatre points. Aussy ay-ie fait dessein de les expliquer chacun separément & par table le plus clairement q. Je pourray; Afin que ce Traité ne démenti point son titre Et qu'on reçoiue de luy plus d'effets que de paroles.

Je Commenceray par la Disposition qui S'aprendra de la posture du corps, des bras, et de la main, trüe, maniment & effets de plume; Je parleray en-Suite de la forme, de la liaison, & de l'Ordre; de chacun en son Lieu: Mais il seroit Inutile de sçauoir trüe a manier Une plume pour formes, lier, & ordonner des lettres, sans estre taillé: C'est pourquoy J'en donneray la regle dans la table Suiuante.

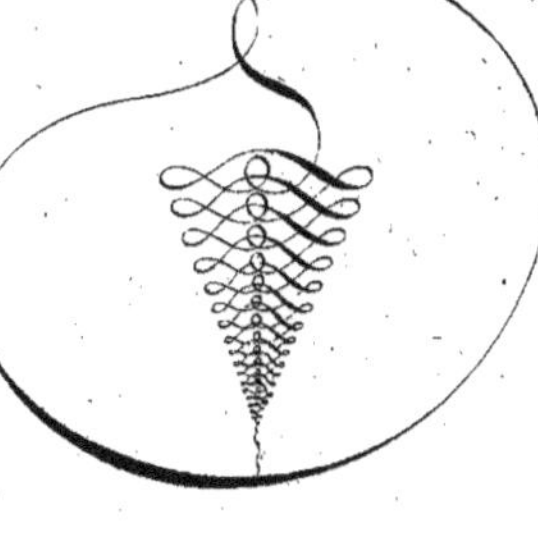

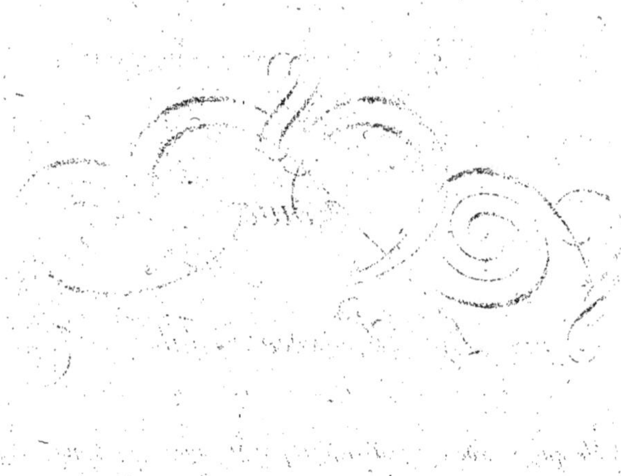

LA TAILLE 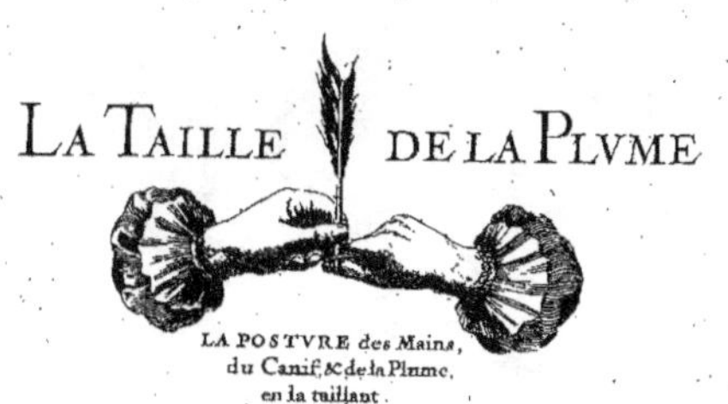 DE LA PLVME

LA POSTVRE des Mains,
du Canif, & de la Plume,
en la taillant.

POVR LA BIEN TAILLER

1. Ie prens vne plume de quelque aile ou force qu'elle soit, la dressant auec les doits si elle est tortüe
   Ie la coupe sur le bout de son dos jusques à la moitié de
2. sa rondeur et de longueur sufisante à y mettre le bout du manche du canif, lequel je leue de la main droite du côté de sa lame assez fort pour la fendre, la serrant du pouce et doit gauche pour reprimer l'excès de la fente
3. Si elle est trop mole je la fens d'vn leger coup de taillant, moitié moins, a raison de sa molesse
   Cela fait je la découure sur le ventre de deux longueurs a celle du dos
4. I'euide ensuite les costes de la fente en dehors pour for-
5. mer le bec en pointe commençant du côté dextre vers le haut de la fente, faisant celuy du pouce plus large et plus long
6. Et lors qu'il paroist assez diminüé pour receuoir sa der.re forme
   I'augmente le grand tail de deux fois la longueur du bec et mets vne autre plume dans son ouuerture ret=
7. ranchant le tiers de l'épaisseur de sa pointe quand le tuyau est trop fort, autrement non
8. Puis en biaisant le canif je la coupe de grosseur requise

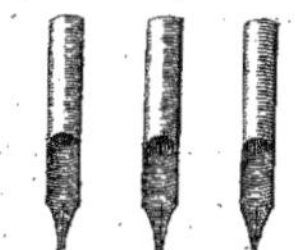

En Compte, finance, minute, posées
le côté du pouce plus large et plus
long

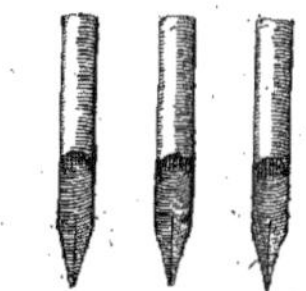

En Grosse, moyenne, minute, bâtarde
le bec de mesme, mais moins caués, et
peu plus long.

En grosse, moyenne, minute, ou traict
de françoise, ou bâtarde expediées
le bec plus long, plus fendu
et fort en fausses.

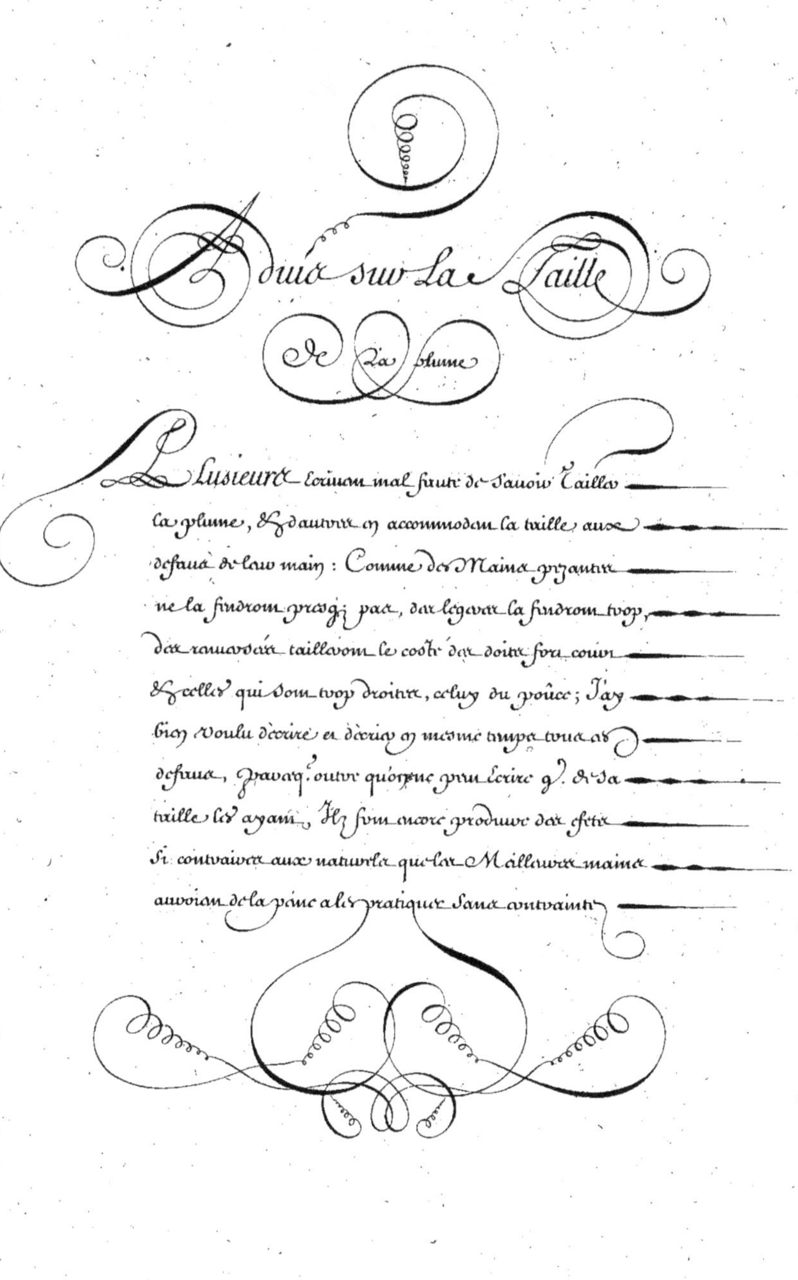

Advis sur la Taille
de la plume

Plusieurs escrivent mal faute de sçavoir tailler
la plume, & d'autres en accommodant la taille aux
defaux de leur main : Comme des mains grizantes
ne la feindront presque pas, des legeres la feindront trop,
des renversées tailleront le costé des doits fort court
& celles qui sont trop droites, celuy du pouce ; J'ay
bien voulu décrire et décrits en mesme temps tous ces
defaux, j'avoüay' outre quiconque pour escrire q. & sa
taille les ayant, Ils sont encore produire des effets
si contraires aux naturels que les meilleures mains
auroient de la peine à les pratiquer sans contrainte

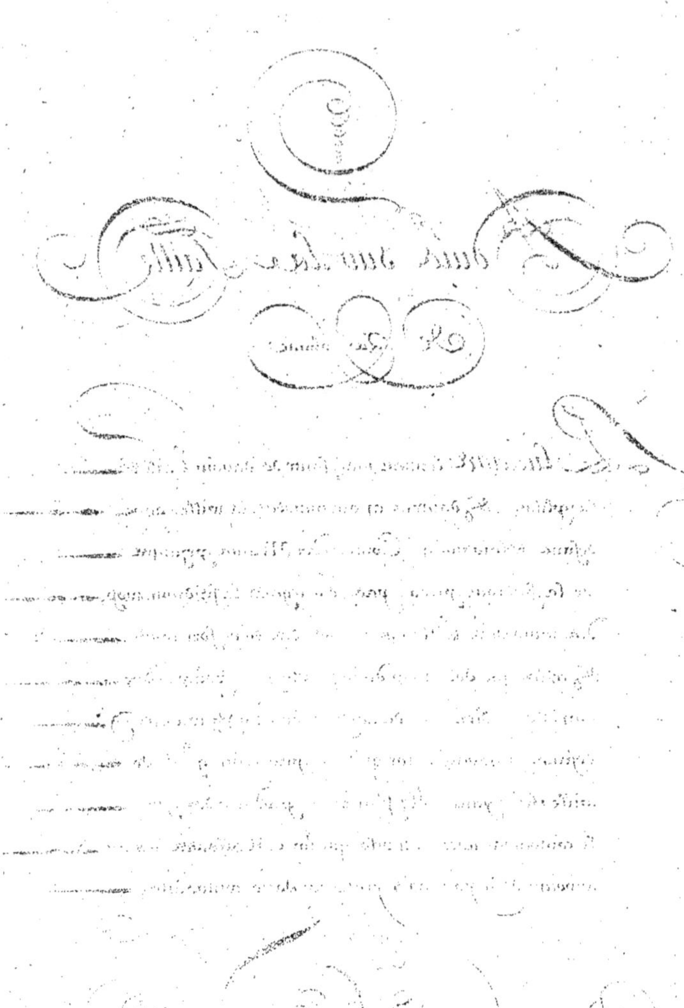

Table de la disposition pour Écrire

A bien Écrire, comme a d'autres Arts, Il y a deux sortes de Disposition; l'une vient de la nature, et l'autre du travail precedé de regles écrites, ou verbales: Je diviseray les moyens de l'acquerir en deux tables, Celle cy enseignera la posture du corps, des bras, et de la main avec leurs figures, & l'autre la tenüe, mouvement, scituation et office de la plume

Posture du Corps, des Bras et de la Main.

Sans se baisser, les coudes doivent toucher la table, estant assis; le corps doit estre degagé sur la gauche en sorte que le bras droit demeure soulagé en l'estat ou il le laisse ny pres ny loing de soy, apuié seulement a quatre doils du coude: Pour le poignet et la main ilz seront plus ou moins apuiez, plus pour l'écriture posée, & moins pour la courante; Voyez la seconde table de la disposition pour cette diference.

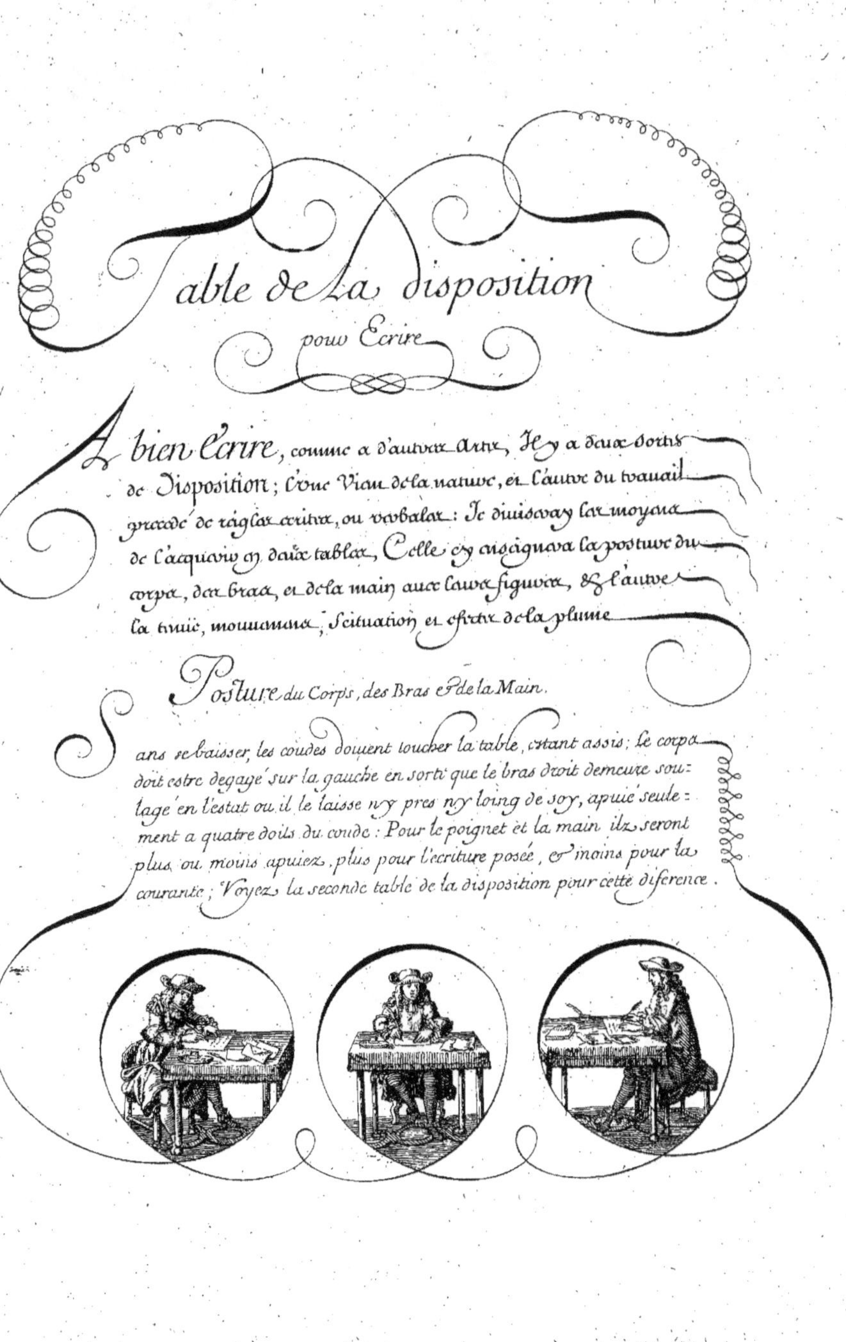

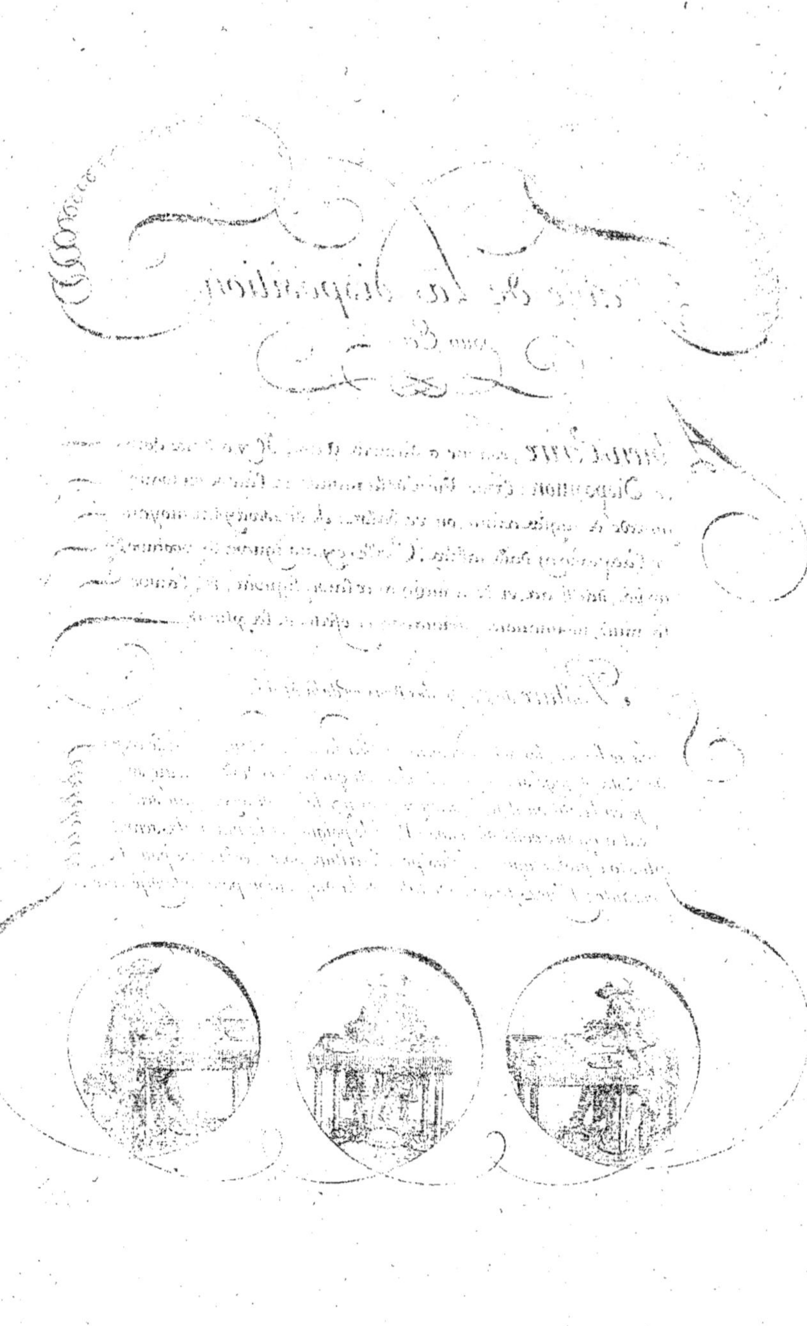

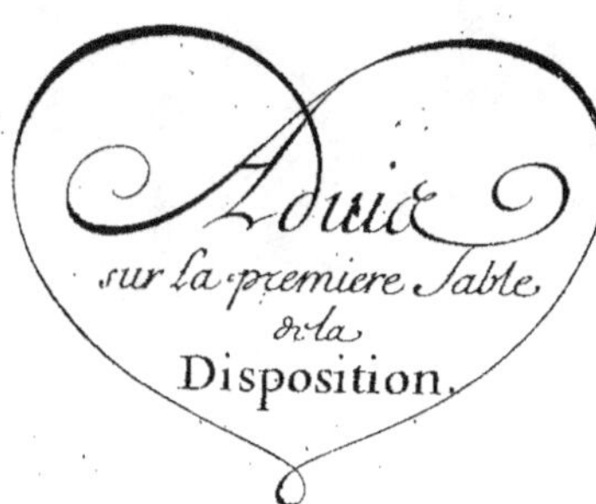

Il y a des corps, des bras, et des mains aussi
mal-batis de nature pour bien Ecrire qu'il
y a de voix, mal-organisées pour bien chan-
ter: C'est pourquoy lors qu'il se trouue de telles
jndispositions ou la nature a bouché le passage aux remedes de l'Art: il est de la prudence
de l'ouurier de chercher auec patience les moyens que son inclination et l'experience luy sug-
gereront pour le faire reüssir autant que la
necessité peut faire de vertu Mais sur tout q?
les premiers essays sans fruit, ne soient point
le sujet de son rebut; puisque l'entreé des mu-
ses est gardeé par la difficulté

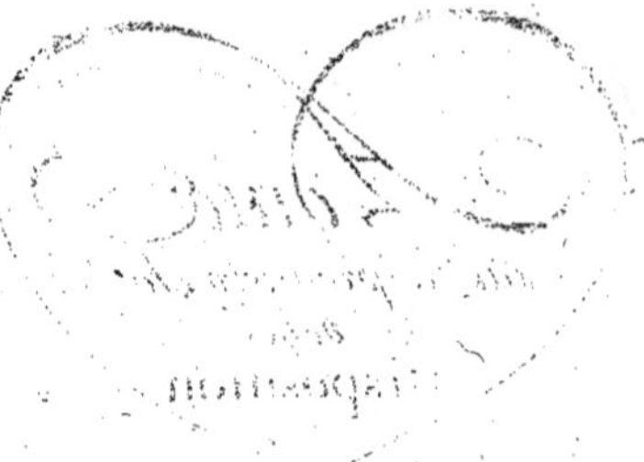

Seconde Table
de la DISPOSITION
Pour la Tenüe, Mouuement, Situation, & Efects,
de la Plume.

La Plume
Se peut et se doit Tenir

Tenüe

Haute
pour Expedier

Basse
pour peiner

en toute Ecriture

Soulagez plus l'apuy de la plume en expediant qu'en peinant, et renuersez plus la main pour la basse que pour la haute tenüe. Le nom, l'ordre, et la distance des doits auec la posture de la main et de la plume se voyent assez sans l'expliquer plus au long.

Se Peut et se doit mouuoir

Mouuement

Pliant et Alongeant les Doits seuls pour former

Tous le petit corps des Lettres et quelques maieures dont la forme n'employe que leur mouuement seul.

Plus pour les Capitales ou traits de forme ordinaire.

ou Mouuant les Doits, le Poignet, et le Bras ensemb.

Pour les lettres ou traits dont la grandeur ne se peut figurer q' par leur concours plus ou moins sensib.

Moins p° des maje que le lieu fais'ra: couurir oblige a moins de mouuem.'

Se peut Situer po° toute Ecrit.

Situation

a Face, Diametrale ou Trausuersale idem.

Oblique

de Trauers

Pour A, B, C, L, M, P

Pour former tout le petit corps & partye des Maieures

Pour ces sortes de — & pour toutes les Capitales except A, M qui se font de cette Situation

Produit deux efects en general

Efects

Delié diuisé en

Montant — Circulaire ou Diagonal O M
Descendant — Circulaire ou Droit O L
a Face — L L E F T

Plein diuisé en

Montant — Circulaire ou Droit O M
Descendant — Circulaire ou Droit O M
a Face — Circulaire ou Droit

Le demy plein se rencontre dans tous les pleins de la plume excepté au tournant des rondeurs

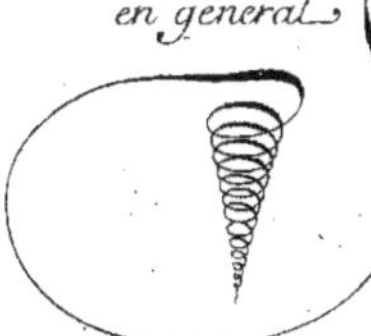

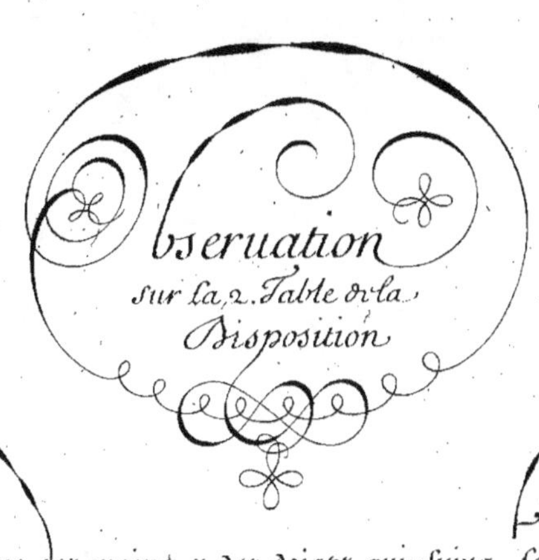

Observation
sur la 2. Table de la Disposition

On trouve des mains et des doigts qui suivent leurs Forme
defectueuse ne peuvant se servir de la plume commodement; C'est
pourquoy les gros doits et courts, a cause du peu de flexion
doivent tenir la plume haute, la main mollement allongée, & les
deux doits sur le papier separez des autres et beaucoup ronds
aux peu d'apuy sur le bras; Les longs aspirvont toujours
la rondeur; Des froides ou secs execuront les mouvement
sur quelq. matiere rude; Les foibles et tremblans de même
seront et apuyant la plume de maniere que le poignet & le
Bras ne soient point gesnez, & sur tout que l'apuy du bec
de la plume soit plus sensible et plus fort.

2. Les Tranchans de toutes les rondeurs se font par un
transport de main de droit a gauche ou de gauche a
droit plus ou moins etendu et sensible a proportion
de leur grandeur. L'Experience le fait remarquer.

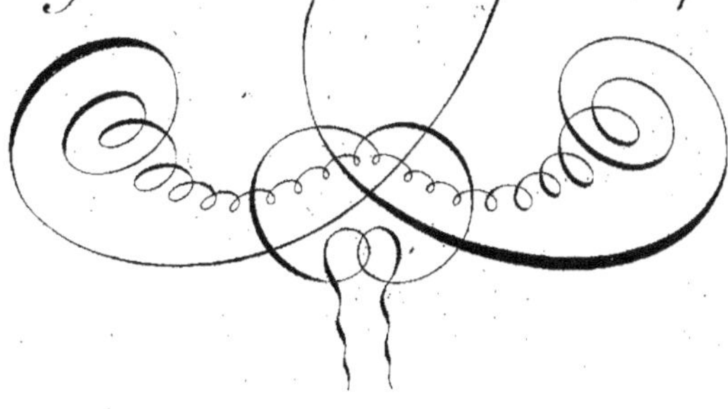

ADVIS SVR
les Mains defectueuses.

Grosses et Courtes.

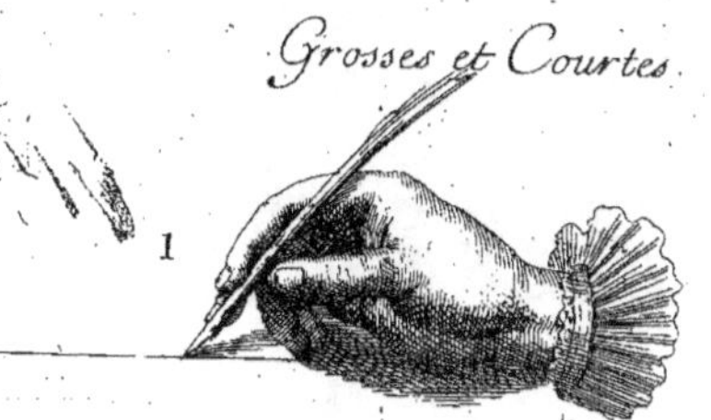

Les mains grosses et courtes tiendront la plume haute, C'est à dire passante directement par la seconde jointure du premier doil, mollement allongée, afin que les jointures ne soient point trop tendües, et les deux doits sur le papier separez des autres, beaucoup ronds, et peu d'appuy sur le bras, pour donner liberté aux doits tenans la plume, d'agir plus librement

Fort Longues.

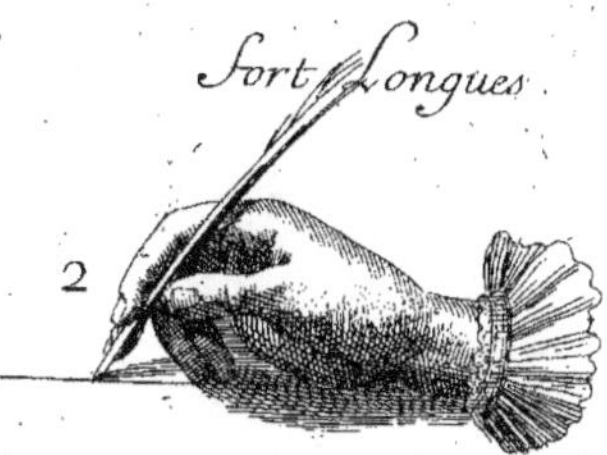

Les mains qui sont excessiuement longues, n'auront point d'autres remédes pour estre en liberté d'agir, que de les tenir vn peu plus arondies que l'ordinaire, particulierement les deux doits de dessous, qui empeschent souuent le coulement du bras par leur roideur

Les roides et seiches exerceront leurs mouuements sur quelque matiere rude pour assouplir & accoûtumer les nerfs a manier librement la plume, et a former par ce moyen, des rondeurs faites a droit et a gauche, qui en la plus difficille action des doits quand ils sont trop rudes

Roides et Seiches.

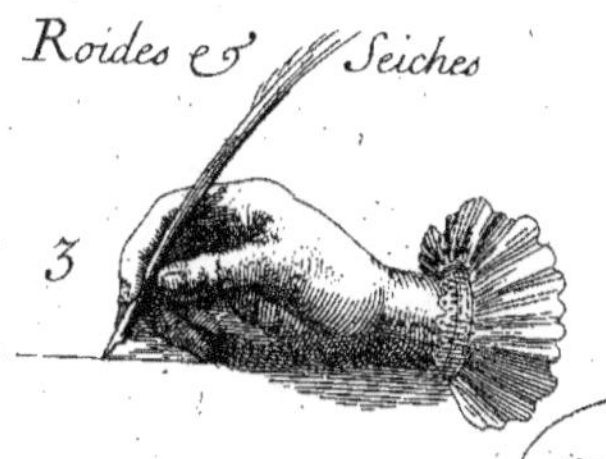

Les foibles et tremblantes feront le mesme exercice sur quelque matiere rude pour les fortifier, Car ce qui afoiblit les fortes, fortifie les foibles en telle rencontre par vn long vsage, elles serreront la plume, et n'ecarteront pas tant les deux doits de dessous

Foibles et tremblantes

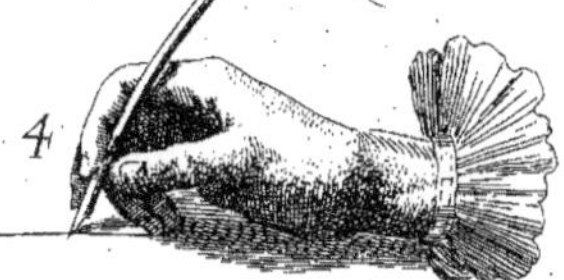

A Lais & Senault

11

Effets generaux de la plume sur ses

trois differentes situations, auec les figures qui en dependent
tant majeures que mineures seruant a le formation reguliere

Situations

A Face

Delié et Plein diuisé en — Circulaire et Droit — montant a descendant, montant a descendant — VB C E f B. A L M p.

Exercez les effets de cette situation pliant et alongeant les doigtz et pouce en coulant le bras de gauche a droit circulairement ou rectement sans varier la situation de la plume.

Oblique

Circulaires { u, g, ſ, x, es, xy, ſ, z, a

Et la plus grande partie des Majeures que Vo apprendra la page suiuante

diuisée en — Droites { um uu t p q &c. mn iuu t l p q &c

Exercez pour les deux caracteres pliant et alongeant circulairement ou rectement sans changer la situation oblique qr pour la batarde qui en demande vne plus a face quand elle est pleine

De Travers

Produit des pleins — Circulaires et Droits

Exercez pour ces pleins pliant et alongeant en dedans main et en dehors circulairem.t ou rectem.t et coulant le bras.

Elle se taille de la sorte — La plume a deux becs sert grandement a reconnoistre les
effets generaux, C'est pourquoy je conseille le curieux de
s'en seruir en ses Exerces particuliers

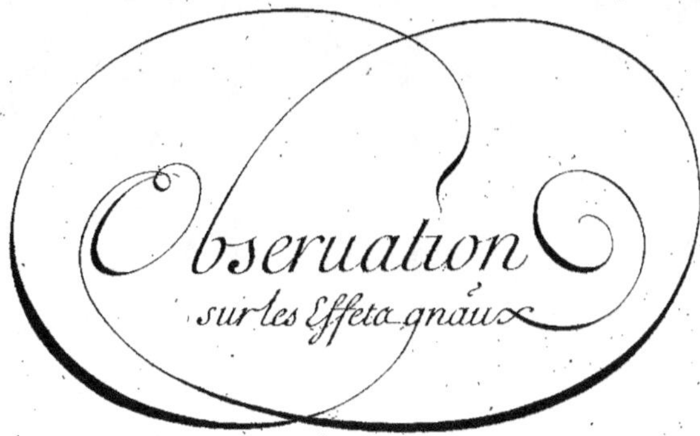

Bienq. la Table des Effets generaux
enseigne que pour perfectionner vne
lettre, il soit besoin de la faire sur la
situation q. luy conuient, J'ay remar
qué neantmoins q. L'oblique prouuoit
seule produire l'effect des deux autres
dans les mineures, majeures et Capit.les
L'experience doit autoriser L'vsage
qu'on en peut faire.

Traits ou lignes.

1 Courbes
2 Oualiques
3 Droites
4 Obliques
5 Lignes Spirales
6 Lignes Mixtes

Siruantz a Former la Main en repassant pardessus auec une plume Sans encre, S'appliquant a la posture, et au mouuement, auant q.e d'Etudier la situation, de la plume, marqué cy dessous

1 Circulaires

Pliant de haut en bas

Oblique presq'a face

Longeans de bas en haut

Idem

Pliant de gauche a droit

De Trauers

Longeans de droit a gauche

presq. de trauers

2 Oualiques de tous Sens

a face et de trauers

3 Droits pliant along

presq. a face

3 Droits de trauers

de Trauers et a face

4 Obliques pliant des deux costés

Oblique et de Trauers

4 Obliques along des 2 Costés

Idem

5 Lignes Spirales

Idem

6 Lignes mixtes

Idem

Table

des Letres Radicales & des derivées

leurs mesures & proportions dans L'Alfabet françois et batard

Radicales

O produit en tout ... en partie

2. françoises

l forme en tout ... & en partie

O produit en tout ... en partie

2. batardes

l forme en tout ... en partie

Nota 2 sortes d'O, O, commencées diversement forment les testes et les queües des lettres, et non les f, f, qui sont creatures d'O, l, O, l.

La hauteur & largeur de l'escriture

Le Corps de la françoise a 4 travers de bec de plume en quarré

Celuy de la bastarde a cinq travers de bec de plume en largeur sept de hauteur & trois de pente au respect d'une ligne perpendiculaire

Le travers du bec de la Plume.

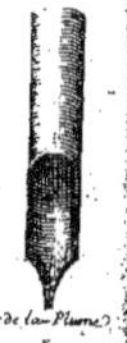

La hauteur et Largeur des Lettres	Vn Corps d'Escriture en quarré.	Corps a daux de haut	Corps de hauteur et vn de large	Corps de hauteur & deux a demy de largeur.	Corps & demy en Longueur.	Corps de large & & vn de hauteur	Lettres libres & sans aucune mesure.

Alfabet françois anatomizé

a b c d f g h i l m n o p q r s t u x y z &

Alfabet Batard anatomizé

a b c d e f g h i l m n o p q r s t u x y z &

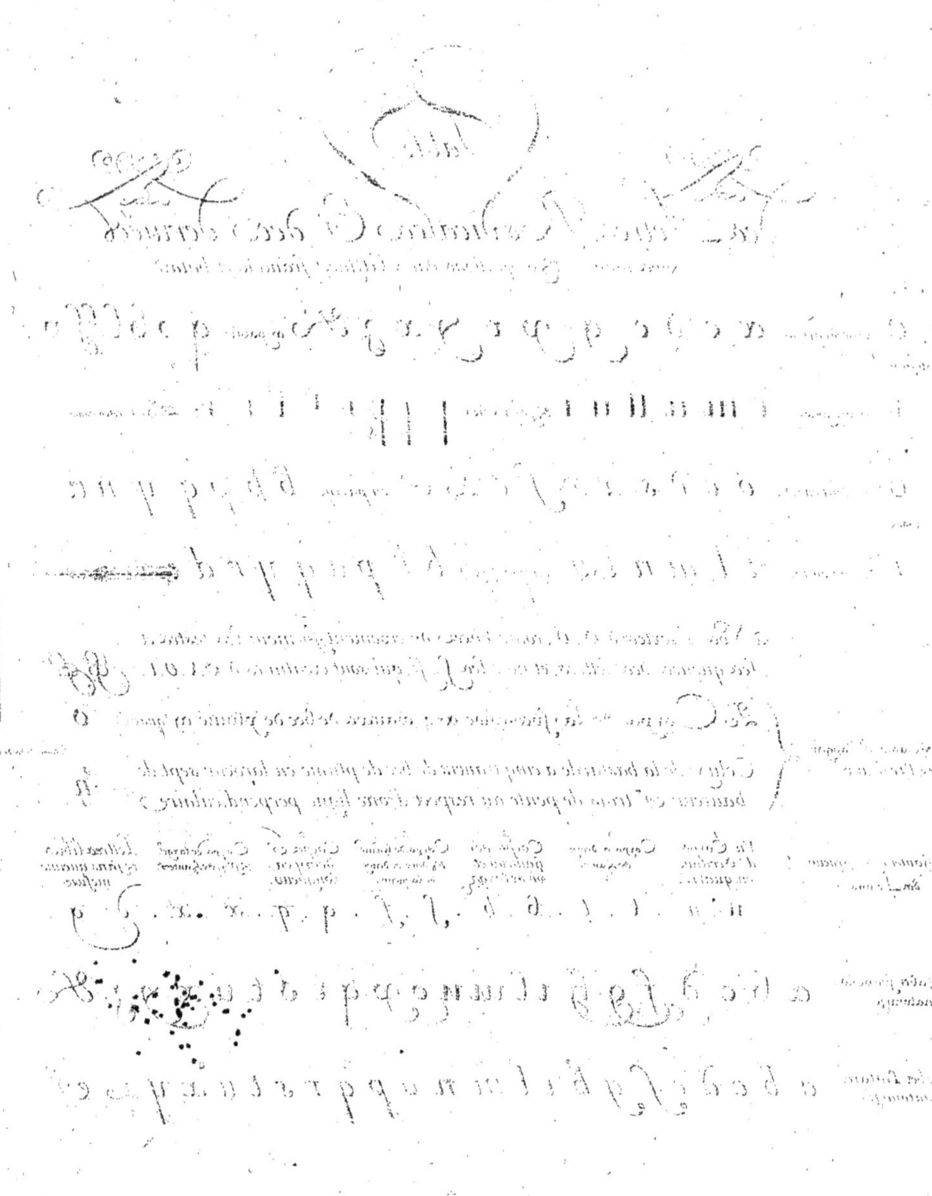

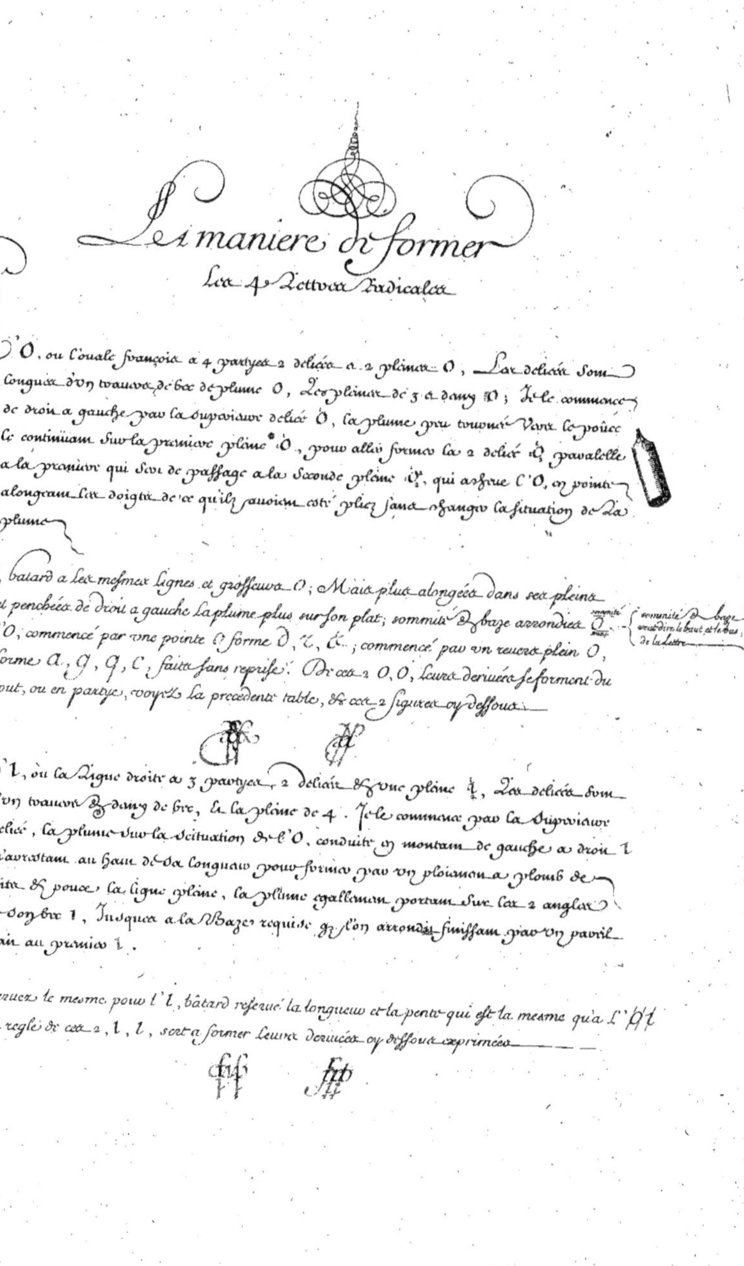

La maniere de former
Les 4 Lettres Radicales

L'O, ou l'ouale françois a 4 partyes 2 deliés a 2 pleines O, Les deliés sont conguës d'un travers de bec de plume O, Les pleines de 3 a dans O; Je le commence de droit a gauche par la superieur delié O, la plume peu tournée vers le poüce le continuant sur la premiere plume* O, pour aller former la 2 delié q pravalelle a la premiere qui sert de passage a la seconde plume q, qui asseure l'O, en pointe alongeant les doigts de ce quilz auoient esté pliez sans changer la situation de la plume

* par un ployement de doigts

L'O, batard a les mesmes lignes et grosseurs O; Mais plus alongées dans ses pleins et penchées de droit a gauche la plume plus sur son plat; sommits & baze arrondies O. L'O, commencé par une pointe O forme O, C, C; commencé par un revers plein O, forme a, g, g, c, faits sans reprise. De ces 2 O, O, leurs deriueés se forment du tout, ou en partye, voyés la precedente table, & ces 2 figures oy dessous

sommité & baze veut dire le haut et le bas de la lettre

L'I, ou la ligue droite a 3 partyes 2 deliés & une pleine I, Les deliés sont d'un travers & dans de bec, & la pleine de 4. Je le commence par la superieur delié, la plume sur la scituation de l'O, conduit en montant de gauche a droit I m'avrestant au haut de sa longueur pour former par un ploiemen a plomb de doits & pouce, la ligne pleine, la plume egallement portant sur les 2 angles de son bec I, Jusques a la baze requise q l'on arrondit finissant par un pavril lvan au premier I.

Observez le mesme pour l'I, bâtard reservé la longueur et la pente qui est la mesme qu'a l'O. La regle de ces 2, I, I, sert a former leurs deriueés oy dessous exprimées

16

Table

de la Proportion Forme, Situation, et Mouuemens qu'on doit donner aux Majeures.

La figure quarré de different hauteur, longueur, largeur, et petit raisonnera l'estudie longue ou large en quarré, des Majeures françoises et Bâtardes

Proportion des Françoises et Bâtardes

Vn corps au dessus de l'Ecrit   deux au dessus   2 dessus et dessous   Vn dessus 2 dessous

Deux corps d'Ecriture au dessus   2 dessus 2 dessous   1 au dessus 2 au dessous   Vn au dessous

Forme

L'Ouale de plusieurs façons, et la ligne droite de differe.te pente leur donneront la forme

Situations

& Les 3 Situations en acheuuant la proportion par la difference de leurs productions Voyez la 2 table de la disposition et celle des Effets generaux

Mouuement

Le Petit Mouuement, sçauoir des doits seuls formera les lettres cy a Costé

Le Grand, sçauoir des doits et du bras formera les suiuantes françoises et bâtardes

Obseruez que dans vn lieu racourcy on se sert du petit mouuement, et que la ligne mixte forme la plus grande partye des Majeures Exemple.

Situation sur l'Oblique

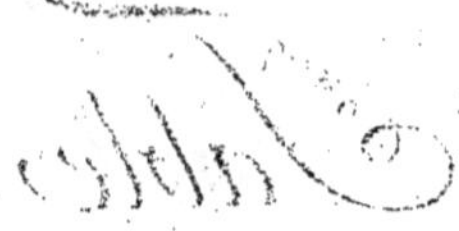

Observation
Sur Les Majuscules

Si pour perfectionner une lettre, on
la doit faire de la situation, de la
forme, et du mouvement qui luy sont
propres; Je m'estonne comment tant
d'auteurs n'ayant donné aux lettres
majuscules autres regles que le hazard
d'une longue imitation: Les tables
precedentes font voir la necessité
qu'il y a de bannir cette erreur et le
vray moyen d'y reussir sans peine.

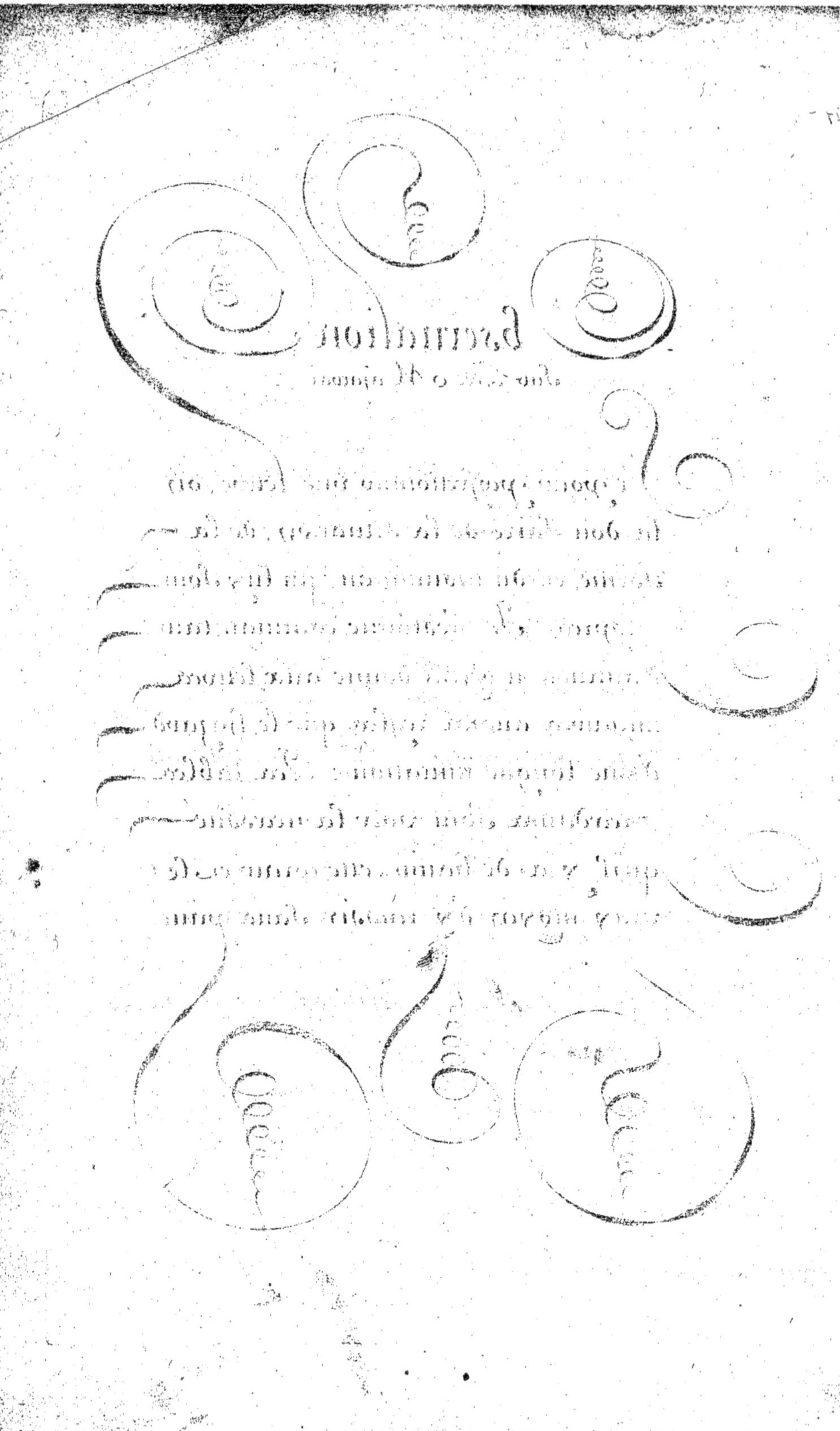

Ordre abregé

pour connoistre l'origine et la diuersité des figures
Kan: et Bat. auec quelques exemples
apropriées a chaque clef

Rondeurs dans l'Écriture sont, ou — L'O, françois produit — Totalement *c c a r u x s a* — en partie
— L'O, bâtard comence par — Vn plein O, produit C, et en partie — Vn delié O, forme O d œ et en partie

Exemple

Lignes droites dans l'Ecriture sont, ou — / penchée de droit a gauche *i n u m t l b h p q* — \ penchée de gauche a droit — | droite *q p f l i m u n* — — de Trauers se partagent en — deliées — et pleines

Exemple — L'incommunicable

Les testes des lettres sont tantost — Pleines, se diuisent en — Demirondes — et Droites — Bouclées — Deliées de deux sortes — de droit a gauche — de gauche a droit

Exemple Desifalobudczel, Afillissibuffiziz

Les queües des lettres sont tantost — Boutonnées. — Droites se diuisent en — Simples droites ou penchées — et Doubles droites ou penchées — Bouclées — Poussées dessus ou dessous Le Corps

Exemple philodografique, philosografidique

Table

De la LIAISON des lettres françoises et batardes

La liaison ayde a la prononciation des mots, a l'expedition &
a la hardiesse ; Elle se fait ou par la fin de la premiere lettre, ou
par le commencement de la suiuante : En expediant c'est presque toûjo.
de la fin de la premiere, En peinant l'vne et l'autre se pratiquent, Selon
le lieu, ou la figure qui pour conseruer plus de nettité la prend du
commencement de la Seconde, comme dans l'exemple cy dessous

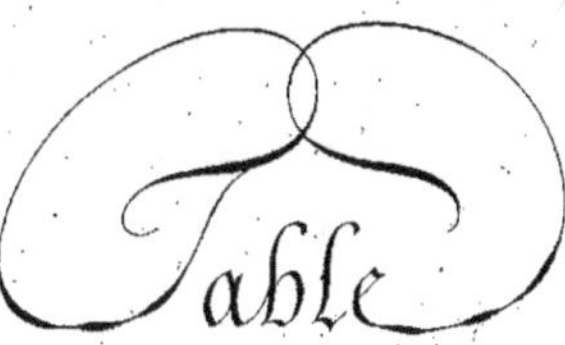

Deux sortes de lignes lient les lettres la Diametrale & l'Oblique

La Diametrale
ainsy figurée — se
fait de trauers trans-
portant plus ou
moins la main de
gauche a droit.

Plus aux tranches des ffi tti, ffi tti, liées
auec d'autres lettres

Moins aux liaisons de ou fi, ti fo,

L'Oblique se
fait Indifferemment
a droit & a gauche
de cette sorte, / \,
Deliée et Pleine

Deliée allongeant
Plus, ou Moins,
de gauche a droit

Plus pour ff, ff,

Moins po.r or, oi,

Pleine, pliant de gauche a droit &c

De ces generales vous pouuez commodement former toutes les
autres & mesme celles des abregés et passés ; Leur difference de longueur
largeur ou pente, S'aprendra suffisamment par l'imitation de celles &
l'obseruation Suiuante contiem —

Senault & Allais

Scripserunt calamo, et cœlo.

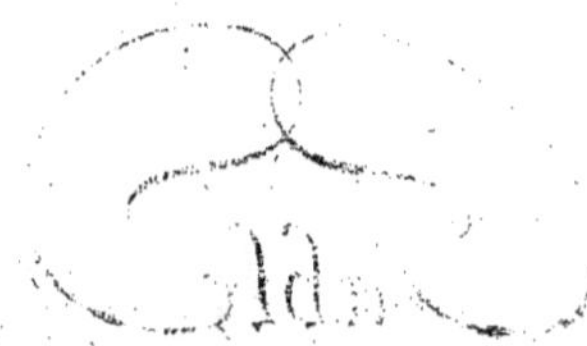

Observation

Sur la liaison des lettres en general

L'on poura distribuer les liaisons particulieres sur
le partage des lettres radicales, et porter des liaisons
de rondeur a rondeur, de jambage a rondeur, de rondeur a jambage,
ou de jambage a jambage; suivant l'ordre étably pour leur
formation, mais observez que ces sortes de lettres, y, d,
g, q, z, f, i; b, q, g, y, s, p, r, a, u, z. ne se peu=
uent lier qu'improprement avec les suivantes Exemple

yo, yi, go, gi, si, so. phi, pho, si, so, ro, ri &c.

si ce n'est dans l'expedition ou la haste fait tout negliger, Exemple

yo do di dr se sa go, si bi po rs yi qr.

Les majes. & les Capres. Ne se lie guery a fort rarem. si ce n'est
en repos f. ou if. &c. mis on. aux abregez & passes de la minute

Les III II, M N sont composées de traits plains et deliés; et
non de liaisons et pleins, puisque qui dit liaison dit assemblage d'vne
lettre a l'autre et que ces deliez font partie du corps de ces figures

Exemple des Liaisons en gnâl.

De Rondeur a Rondeur { ad cx el. / ag ef ox.

De Jambage a Rondeur { ig if to. / ix io if.

De Rondeur a Jambage { ou cu au. / op cb cu.

De Jambage a Jambage { ip im iu. / im ifib ip.

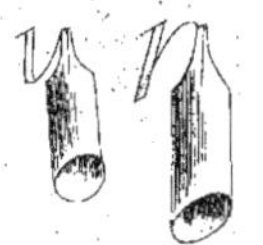

Observation

Sur la division des lettres en général.

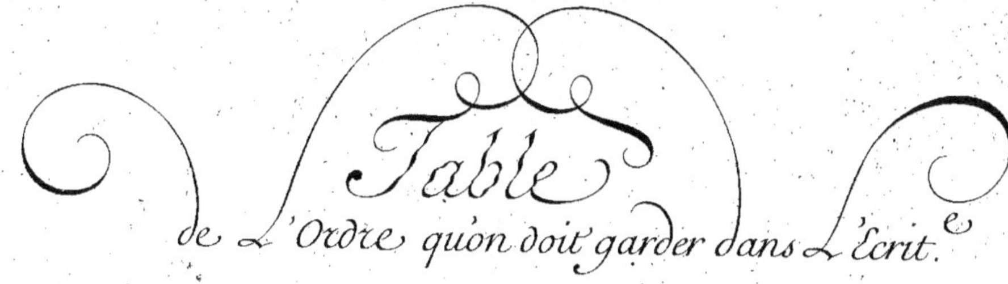 Table de L'Ordre qu'on doit garder dans L'Écrit.

L'ordre est l'ame et la perfection du Sujet ecrit, Elle regarde L'Ortografe, la distance et rectitude des lignes; proportion et distance des lettres et mots, Caractere, et forme de papier convenables aux Sujets.

Ortografe — Est d'écrire corectement et par raison châque mot, et placer a propos les majeures les virgules et les points

Rectitude des lignes — On peut se servir de regles, transparants et poncifs Jusqu'a ce que l'exercice ait donné l'hab.de d'aligner et distancier également; on les éloignera selon la diffe-rence des caracteres et de l'ordre qui suit

Distance des lignes —

compte — finance — minute grosse de 4 — batarde .... Coulée de 4
= de 4 corps — de 4 — minute hâté de 7 — ord.re de 3
compte — finance — Bâtarde minute { de 3 grosse / de 5 hâté } — batarde .... Romaine de 2 et demy

Proportion des lettres et mots et leur distances — La hauteur, largeur, et grosseur des lettres S'aprendront par la Table des lettres radicales
La distance des mots Sera d'une (m) du caractere qu'on Suit (m)
La distance des lettres Sera de deux bras et demy presque pour la finance, pour la bâtarde de trois et plus

Caractere et forme de papier convenables aux sujets dont les Exemples sont au second Livre —

Placet Bâtarde.	Lettre Patente. finance	Estat finance	Compte compte	Missives bâtarde
Au Roy / Sire / marge pareille aux points / Bâtarde / Placet pour un Conseiller / Plaise a M.r / Pour / Contre / M.r ad.t Pion.	Louis par la grace / 3 doits de marge au haut / 4 aux deux extremitez des / lignes plus ou moins au bas / Commission / Le parchemin moins gra / q. pour la patente, la / moins de marge.	Estat / Prem.t / Les 2 marges / a costé des lig.es / Seront egalles / Et celles du haut / plus étroites / q. celles du bas	Compte / Ecrire a M.ar= / ges egallement / a un costé, mais / de differente Cau. / ges et grosseur.	Monseigneur / Pour vne / puissance / Je / C'est pour vo.s / donner avis / point ou peu de / marge gr.é vn / billet ordinaire

Pour le Palais, il regarde plus l'vtile que l'agreable; c'est pourquoy il n'observe pas tant de regles en sa maniere d'écrire expediant plustost matiere, qu'écrivant d'ordre et d'vn caractere formé

Les affaires domestiques, châcun les écrit a sa guise, et le marchand donne l'ordre a ses Livres selon son caprice, outre que cela depend plustost de la pratique particuliere q. de la demonstration d'vne regle generale

Obseruation
Sur la table de l'Ordre.

Cette obseruation assigne a chaque lettre mineure, la place qui luy conuient ;
car il y en a qui sont propres au commencement des mots, d'autres au milieu,
et d'autres a la Fin, quelques-vnes en tous endroits ; comme fait voir cet exemp :

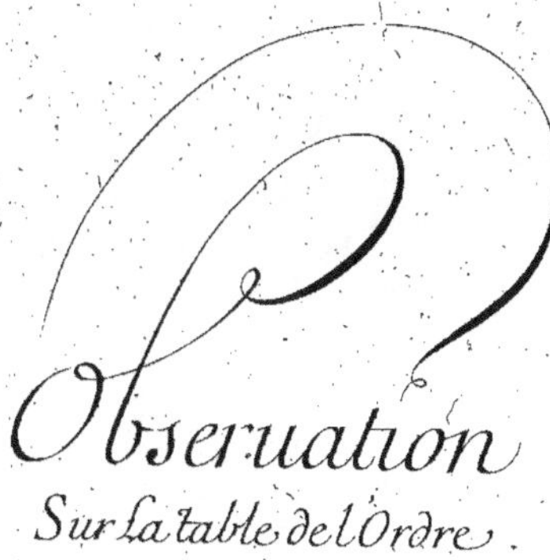

Mediales ff, ff, françoises et batardes

Faites dans vn caractere regulier, toutes les queues courtes, et jamais passantes l'vne
sur l'autre, et que tous les abregeis, ou majeures n'excedent le milieu de l'entreligne
deplus que l'écriture soit d'vne force égale, en largeur, hauteur, et pente, Et l'on
ne peut escrire que, de la longueur d'vn demy pied sans tortuer la ligne, ou
raprocher le papier

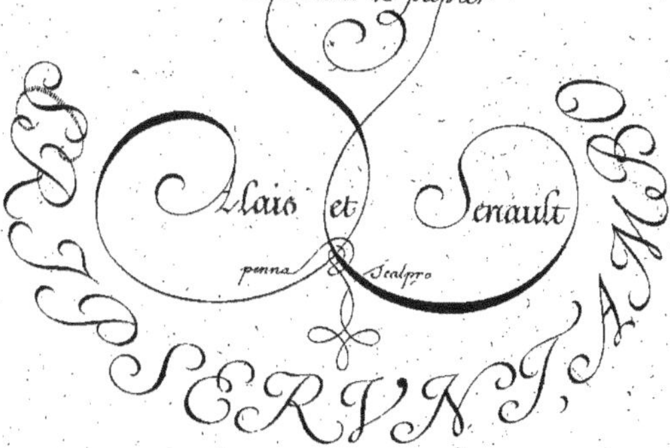

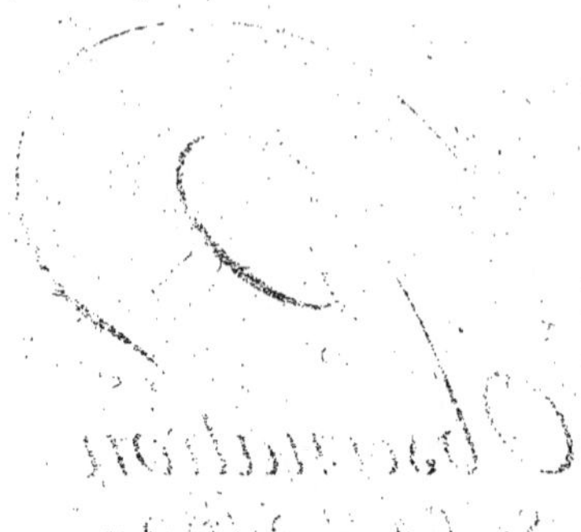
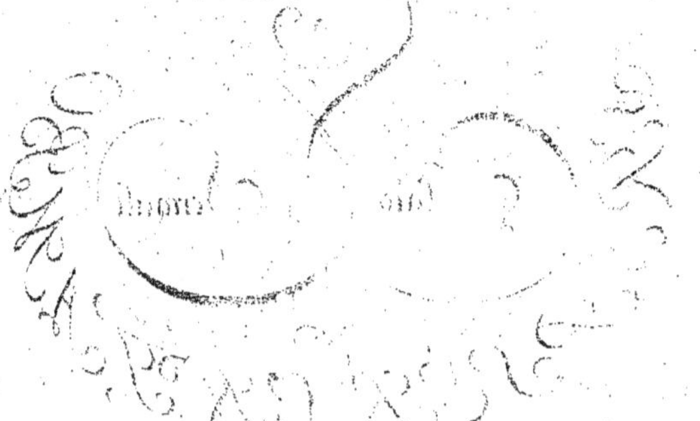

Alfabet François
Alfabet Bâtard
Alaia scripsit. Senault sculpsit
BIBLIOTHEQUE IMPERIALE

PARALLELE DES MAJEVRES ET DES CAPITALES.
financieres et bâtardes.

www.ingramcontent.com/pod-product-compliance
Lightning Source LLC
Chambersburg PA
CBHW051130050726
47594CB00003B/1033